Narzissmus bei Kindern und Jugendlichen

Hilfe für Betroffene und ihr Umfeld!

Erfahre, wie Du Narzissmus besser bewältigen und lösen kannst, und biete Narzissten die Stirn!

Aivlis Alley

AIVLIS ALLEY

Inhaltsverzeichnis

Einleitung

Narzissmus beschreibt eine psychische Störung, die das Leben von Menschen stark beeinträchtigen kann. Eine Person mit narzisstischer Persönlichkeitsstörung gilt als egoistisch, egozentrisch und intolerant gegenüber Kritik. Weiter hat sie ein starkes Selbstwertgefühl, ist grandios, übermäßig eigensinnig, verfügt über kein Einfühlungsvermögen für andere und verhält sich ihren Mitmenschen gegenüber destruktiv.

Laut Statistik sind 0,4 Prozent der Bevölkerung von der Persönlichkeitsstörung betroffen, wobei es auch eine Dunkelziffer geben dürfte, deren Höhe dort nicht ersichtlich ist.

Daher erweist es sich als wichtig, zu verstehen, was diese Menschen und ihr Umfeld unternehmen können, um für beide Seiten ein besseres Leben in mehr Harmonie und Zufriedenheit zu ermöglichen. Weil sich Narzissmus oftmals in der Jugendzeit entwickelt, ist es essenziell, dort anzusetzen, um das Problem gesamtgesellschaftlich zu beseitigen.

In diesem Buch erfährst du, was man unter Narzissmus versteht, welche Ursachen er hat, warum immer mehr Menschen darunter leiden, welche Risikofaktoren man mit der Störung verbindet und was Eltern, Lehrer und die restliche Menschheit unternehmen können. Im Fokus des Ratgebers stehen die besten Behandlungs- und Präventionsmöglichkeiten. Die angeführten Maßnahmen unterstützen dich als Betroffene und deine Mitmenschen gleichermaßen dabei, den Narzissmus hinter dir zu lassen und den Weg in die Richtung eines sorgenfreien Lebens zu gehen. Ich wünsche dir ein lehrreiches Lesen und viel Zufriedenheit sowie Glück für dein weiteres Leben.

Was ist Narzissmus?

Narzissmus ist nach Senger (2019) ein Konzept, das seine Wurzeln in der griechischen Mythologie hat. Er leitet sich vom Namen des Jünglings, Narziss, ab, der sich in das eigene Spiegelbild verliebte. Dieser war der Sohn des Flussgottes Kephisos, welcher als unsterblich angesehen wurde und der Nymphe namens Leiriope, die nur langsam alterte. Narziss galt als eine besonders schöne Person und wurde deshalb von zahlreichen Frauen und Männern geliebt. Er selber wies diese jedoch stets ab. Als er auch noch die Nymphe, Echo, zurückwies wurde er damit bestraft, ewig dazu verdammt zu sein, die Qual einer nicht erwiderten Liebe zu erdulden. Narziss verliebte sich eines Tages in sein eigenes Spiegelbild. Kurze Zeit später verzweifelte er an der Sehnsucht nach dem Erhalt einer Antwort des Geliebten. Letztlich starb der Mann während des Versuches, sein Spiegelbild zu umarmen. Zur gleichen Zeit wuchs am Teich eine Narzisse heran.

Das Wort Narzissmus lcitct sich aus dieser Geschichte ab. Gemeint ist Selbstliebe, die sich jedoch durch einen labilen Selbstwert auszeichnet.

Die Psychologie beschreibt Narzissmus als krankhafte Form der Selbstbewunderung. Ebenso ist damit eine Überfülle von Merkmalselementen wie Grandiosität, Anspruchsdenken und Mangel an Empathie gemeint. Manche Leute glauben, dass das Konzept ein veraltetes Relikt aus der Zeit von Sigmund Freud darstellt.

Nach Senger (2019) verwendete Freud den Begriff „narzisstisch" im Jahr 1910 das erste Mal in seinem Werk „Drei Abhandlungen zur Sexualtheorie". Er meinte damit das Übergehen von der eigenen Liebe hin zu einer Objektliebe. Er führte 1914 die Unterscheidung zwischen dem primären und dem sekundären Narzissmus ein. Unter dem ersten Begriff verstand er die orale Phase. Dort besteht noch keine Trennung der eigenen Person vom Objekt.

Die Libido wird auf sich selber gerichtet. Unter sekundärem Narzissmus verstand er die später stattfindende Phase der Entwicklung. Auch hier bezieht sich die Libido auf sich selber, es kann jedoch zwischen dem Selbst und anderen Objekten differenziert werden. Wird jemand durch eine andere Person gekränkt, richtet sich das Individuum also wieder auf sich selber.

Der Begriff findet allerdings noch heute Anwendung, weil er etwas beschreibt, das wir immer wieder sehen. Narzissmus bezeichnet eine Art Persönlichkeitsstörung, was bedeutet, dass sie das tägliche Leben und die zwischenmenschlichen Beziehungen eines Menschen beeinflusst.

Eine narzisstische Person ist übermäßig anfällig für Lob oder Tadel und erwartet gerne eine Sonderbehandlung oder Privilegien. Sie glaubt, sie sei besonders und könne nur von ebenso außergewöhnlichen Menschen verstanden werden. Es gibt mehrere Subtypen des Narzissmus. Diese werden nach ihrer Intensität und Schwere eingeteilt. Sie umfassen gesunden, verletzlichen und bösartigen Narzissmus.

Narzissmus wird oft auch synonym mit den Begriffen Egoismus oder Einbildung verwendet.

Hier sollte eine Verwechslung allerdings nicht passieren. Egoismus bezieht sich auf übermäßige Selbstliebe, wohingegen Einbildung die Haltung von ungerechtfertigtem Stolz oder Überlegenheit meint. Narzissten glauben daher, dass sie aufgrund ihrer Leistungen und ihres Aussehens, nicht jedoch wegen ihrer Meinung über sich selbst, besser sind als andere.

Der Hauptunterschied zwischen Egoisten und Narzissten besteht darin, dass es Egoisten egal ist, was andere von ihnen denken, während Narzissten darauf angewiesen sind, dass ihre Mitmenschen sie hoch einschätzen, um sich gut zu fühlen.

Narzissmus beeinflusst die Art und Weise, wie Menschen jeden Tag miteinander interagieren. Es gibt verschiedene Variationen der Erkrankung, basierend auf ihrer Intensität und Schwere. Allen gemeinsam ist, dass sie bei fehlender Kontrolle negative Auswirkungen auf das Umfeld, und weiter die Gesellschaft insgesamt, haben.

Typische Sätze, die Narzissten gerne äußern, sind:

> ➢ Du hast kein Verständnis für mich

> ➢ Du bist einfach so…

> ➢ Du interpretierst zu viel in Dinge

> ➢ Du kannst ohne mich nicht leben

> ➢ Sei nicht immer so sensibel

Verglichen mit der Borderline-Persönlichkeitsstörung kennzeichnet sich die narzisstische Persönlichkeitsstörung laut Prölß et al. (2019) dadurch, dass Betroffene für ihre Störung blind sind. Immer wieder produzieren sie zwischenmenschliche Konflikte neu, erkennen jedoch nicht, welchen Beitrag sie dazu selber leisten. Ein Muster der Großartigkeit, mangelnde Empathie und das Bedürfnis nach Bewunderung stehen dabei im Fokus.

Letzten Endes ist Narzissmus das Gegenteil von Liebe, nämlich Machtausübung. Er wird manchmal auch als Fanatismus oder Patriotismus im negativen Sinn verstanden. Narzissmus beschreibt also eine Persönlichkeitsstörung, die ein übertriebenes Maß an Selbstliebe zur Basis hat. Andere Menschen werden als minderwertig angesehen und herabgewürdigt.

Narzissten sind Menschen, die ein übertriebenes Gefühl der eigenen Bedeutung, ein Verlangen nach Anerkennung und ein starkes Bedürfnis nach Lob und Bestätigung durch andere haben. Sie können sehr selbstbewusst sein und versuchen häufig, andere zu beeindrucken, indem sie ihre Erfolge hervorheben und ihren Weg als den einzig richtigen darstellen.

Sie gelten auch als eher manipulativ, was dazu führt, dass sie probieren, andere zu benutzen, um ihre eigenen Ziele zu erreichen.

Oftmals sind Narzissten misstrauisch, eifersüchtig und haben die Neigung dazu, andere auszunutzen, besonders wenn sie sich bedroht fühlen.

Allerdings ist es wesentlich, zu beachten, dass sie nicht immer so sind. Sie können auch liebevoll, empathisch und fürsorglich sowie manchmal sogar selbstlos sein. Insgesamt ist es wichtig, zu verstehen, dass Narzissmus eine komplexe Persönlichkeitsstörung bezeichnet, die viele verschiedene Merkmale aufweist. Narzissten stellen Menschen dar, die ein starkes Bedürfnis nach Anerkennung und Lob haben. Sie neigen dazu, die Aufmerksamkeit anderer zu suchen und einnehmend zu sein.

Oftmals haben sie eine Tendenz dahingehend, übermäßiges Selbstbewusstsein zu zeigen und zu glauben, dass sie mehr wert sind als andere. Menschen mit Narzissmus erkennst du daran, dass sie die Realität maßlos überschätzt darstellen, damit sie durch ihre Lügen die Anerkennung ihrer Mitmenschen gewinnen. Sie können sich nur schwer in andere hineinversetzen.

Narzissten sind hervorragend darin, ihre Gefühle und Meinungen zu verbergen, was es schwierig machen kann, sie zu verstehen.

Betroffene haben einen starken Wunsch nach Aufmerksamkeit und Kontrolle, was zeitweilig zu Machtkämpfen und Manipulationen führt. Narzissten verfügen weiter über ein großes Maß an Wettbewerbsfähigkeit, was bedeutet, dass sie andere Menschen gerne übertrumpfen, um zu beweisen, dass sie besser sind als ihre Mitmenschen.

Sie neigen gelegentlich dazu, Egoismus und Eitelkeit zu zeigen, da sie es mögen, vor anderen Personen zu prahlen. Die Personen können ebenso ungeduldig sein und werden leicht wütend, wenn sie nicht sofort bekommen, was sie haben wollen.

Weitere nennenswerte Eigenschaften sind:

- Laufend vorhandene Fantasien, wie sie bessere Leistungen bringen als ihre Mitmenschen

- Der Glaube daran, spezieller zu sein als ihre Mitmenschen

- Das Gefühl, stets Recht zu haben

➢ Sich nur mit Personen abgeben zu müssen, die einen hohen Status innehaben

➢ Ein nicht zu stillendes Bedürfnis nach Bewunderung und Schmeichelei

➢ Bereitschaft, die Mitmenschen auszunutzen, um das zu erhalten, was sie haben, möchten

➢ Neidisch auf andere sein

➢ Fehlende oder kaum vorhandene Empathie

Neid ist dabei der Hauptantrieb. Alle diese Charaktermerkmale und Wesenszüge machen Narzissten zu einem einzigartigen und schwierigen Menschentyp.

Der Narzisst greift zu diesen Instrumenten, um seinen Mitmenschen das Leben zu erschweren:

> Manipulation: Darunter ist Steuerung oder Beeinflussung zu verstehen. Sie wird auch als Handhabung bezeichnet. Auf den Narzissmus bezogen, meint sie die Absicht, jemanden in seiner Ansicht oder seinem Handeln beeinflussen zu wollen.

> Unterdrückung: Das heißt, dass einem Individuum oder einer Gruppe von Menschen Leid zugefügt wird. Dabei kommen Willkür, Gewalt und Machtmissbrauch zum Einsatz. Unterdrückung ist auch als Repression bekannt.

> Entwertung: Hierunter versteht man eine nicht verhältnismäßige negative Objekt-Bewertung oder -Darstellung mit dem Ziel, das eigene Selbstbild zu stabilisieren oder zu erhöhen.

> <u>Querulieren:</u> Damit ist gemeint, dass eine Person ständig nörgelt oder alles besser weiß. Als kennzeichnend für einen Querulanten gilt, dass er seine Meinung auf eine störende und starrsinnige Art kundgibt.

> <u>Anonymes Schreiben:</u> Das bedeutet, dass über Plattformen wie Tellonym oder durch die Verwendung von Nicknamen eine Person angeschrieben wird. Meistens werden keine positiven Nachrichten genutzt oder man lügt überhaupt.

- ➤ <u>Kränken:</u> Hierunter ist zu verstehen, dass eine Person beleidigt oder gedemütigt wird, sodass ihre Gefühle verletzt sind. Man zeigt ein Verhalten oder verwendet Worte, die einen Mitmenschen in seiner Würde herabsetzen.

- ➤ Schmarotzen: Mit dem Begriff ist gemeint, dass jemand auf Kosten anderer Menschen lebt. Eine Person wird also ausgenutzt, damit sie selbst es schöner hat.

- ➤ Mobbing: Darunter ist psychische Gewalt zu verstehen. Sie kennzeichnet sich durch wiederholt und in regelmäßigen Abständen stattfindende seelische Schikanen und Verletzungen einer Person durch eine Gruppe beziehungsweise ein Individuum. Zu Mobbinghandlungen zählen Demütigung, das Verbreiten falscher Behauptungen, das Zuweisen von sinnlosen Aufgaben und anderer Machtmissbrauch oder sogar Gewaltandrohung, sozialer Ausschluss beziehungsweise eine nicht angemessene Kritik an einer natürlichen Person bzw. ihrem Handeln. Ein Synonym von Mobbing ist Tyrannei.

➤ Stalking: Damit meint man ein wiederholt stattfindendes, nicht erlaubtes, Nachstellen, Verfolgen, Belästigen, Terrorisieren und Bedrohen eines Menschen gegen seinen Willen bis zur psychischen und körperlichen Gewalt. Die Tat passiert also nicht einmal, sondern mehrmals hintereinander.

Narzissmus in der Gesellschaft auf dem Vormarsch

Einige Experten sagen…

dass Narzissmus in der Gesellschaft zunehmend vorkommt. Es gibt jedoch keinen klaren Grund, warum diese Entwicklung geschieht. Dennoch existieren diverse Ansichten darüber, wie es sein könnte. Zum einen wird davon gesprochen, dass Eltern narzisstische Kinder großziehen.

So ist in den Medien immer wieder die Rede von der sogenannten Helikoptererziehung, welche für die Hervorbringung egozentrischer Nachkommen verantwortlich sein könnte. Darunter versteht man, dass sich Eltern so sehr in das Leben ihrer Kinder einmischen, dass diese nicht lernen, sich selber zu behaupten oder mit Misserfolgen umzugehen.

Infolgedessen wachsen sie zu egozentrischen Erwachsenen mit verkümmerten sozialen Fähigkeiten heran.

Andere sprechen davon…

dass Marketingfirmen narzisstische Züge verwenden, um Menschen dazu zu bringen, ihre Produkte zu erwerben. Sie betonen die Bedeutung von Aussehen und Geld, um ein unerreichbares Bild darüber zu schaffen, wie Personen sein sollten. Dies führt oft in die Situation, dass sich Individuen unsicher fühlen und Artikel kaufen, welche sie angeblich besser ausschauen lassen. Beispielsweise stellen viele Anzeigen Frauen nur dann als schön dar, wenn sie Make-up oder Kleidung bestimmter Marken tragen. Das könnte der Grund dafür sein, dass der „Konsumismus" eine so narzisstische Veränderung in der Gesellschaft verursacht.

Eine dritte Meinung ist…

dass die sozialen Medien heute ein großer Risikofaktor für Narzissmus in der Gesellschaft geworden sind. Viele Personen posten dort unrichtige Bilder von sich und werden dafür gelobt! Sie gewinnen Anhänger und Auszeichnungen für ihr falsches Selbstbild. Soziale Medien nähren sich von den Schwachstellen der Menschen, indem sie es ihnen ermöglichen, sich leicht mit anderen zu vergleichen und sich von ihren Freunden bestätigen zu lassen, gut genug auszusehen. Im Laufe der Zeit mündet dies darin, dass die Personen glauben, sie schauen am besten immer top gestylt aus und verhalten sich angemessen, auch wenn sie es nicht müssen, was zu den vorher genannten Punkten zurückführt.

Obwohl niemand genau weiß, warum Narzissmus auf dem Vormarsch ist, kursieren also ein paar Theorien. Helikoptererziehung scheint zu den Antreibern zu gehören. Sie lehrt Kinder, ständiges Lob zu erwarten und nie zu lernen, wie man mit Misserfolgen oder Emotionen richtig umgeht. Marketingunternehmen spielen mit der falschen Vorstellung, dass materieller Besitz sie glücklich macht, auch eine Rolle.

Das führt auf den Weg, dass Individuen Geld für Produkte ausgeben, die ihr Leben nicht wirklich verbessern. Schließlich schaffen soziale Medien ein Konkurrenzgefühl, das Menschen anspornt, fehlerhafte Fotos von sich selbst zu posten, um die Aufmerksamkeit ihrer Freunde und Followers zu erregen.

Wenn wir den Aufstieg des Narzissmus in der Gesellschaft stoppen wollen, müssen wir aufhören, das Problem zu nähren!

Wer ist betroffen / was sind die Risikofaktoren?

Nach Allroggen und Ludolph (2011) sind, wenn sich ein pathologischer Narzissmus entwickelt, genetisch bedingte Persönlichkeitsfaktoren bzw. internalisierende sowie externalisierende Störungsbilder aus der Kinderpsychiatrie oder Erziehungsfaktoren ausschlaggebend.

Vulnerable und grandiose Formen von narzisstischen Störungen haben diverse Wege der Entwicklung zur Basis. Sie können in zwei Modellen dargestellt werden. Bewunderung und elterliche Kälte einerseits und manipulatives sowie dominantes Verhalten andererseits münden häufig in einem offenen Narzissmus. Sensibilität für schlechte Erfahrungen und Misshandlung sind meist für eine verdeckte Form des Narzissmus verantwortlich.

Es gibt mehrere Risikofaktoren, die zur Entwicklung narzisstischer Tendenzen beitragen, etwa die Genetik, traumatische Kindheitserlebnisse und den Erziehungsstil.

Nachkommen, die in Familien aufwachsen, in denen ihre emotionalen Bedürfnisse keine Erfüllung erfahren, können Erwachsene werden, die mit ihren eigenen Emotionen kämpfen und Schwierigkeiten haben, die Emotionen und Bedürfnisse anderer Menschen zu verstehen.

Darüber hinaus bekommen Kinder gelegentlich ein Gefühl der Sicherheit, wenn ihnen gesagt wird, sie seien anderen überlegen – im Wesentlichen, wenn sie für ihre Bemühungen gelobt werden, unabhängig davon, ob sie bei etwas erfolgreich sind oder nicht. Diese Art von Erziehungsstil trägt mitunter dazu bei, dass Nachkommen das Gefühl haben, über jeden Vorwurf erhaben zu sein, wenn sie heranwachsen. Im Wesentlichen werden potenzielle narzisstische Erwachsene geschaffen, die glauben, dass sie aufgrund der Art und Weise, wie sie aufwuchsen, gegen Versagen immun sind.

Materielle Verwöhnung, fehlende emotionaler Wärme und latent aggressive Eltern gelten als entscheidende Risikofaktoren, die nicht unterschätzt werden sollten. Alle diese Aspekte führen zu einer ungünstigen Interaktion mit den Personen, die für den Beziehungsaufbau verantwortlich sind.

Eltern Betroffener zeigen oftmals mangelnde Anerkennung und richten die Aufmerksamkeit auf die Leistungen der Kinder, für welche sie Lob erhalten. Eine narzisstische Persönlichkeitsstörung entsteht deshalb häufig durch zu viel Anerkennung und Aufmerksamkeit.

Das betroffene Kind hört nur, wie hervorragend es ist und überschätzt sich auf diese Weise laufend selbst.

Wiegrand-Greve und Lenz (2019) erwähnen, dass die meisten Sprösslinge von narzisstisch gestörten Eltern zahlreichen und oft auch chronischen Belastungssituationen ausgesetzt sind.

Sind Eltern von einer Persönlichkeitsstörung betroffen, machen sich bei den Kindern, verglichen mit jenen Buben und Mädchen von Personen, die an anderen psychischen Erkrankungen leiden, sehr ungünstige Entwicklungsverläufe bemerkbar. Das Risiko ist bei Kindern mit einer problematischen Familienstruktur für schwerwiegende Störungen in der Interaktion zwischen den Eltern und dem Kind besonders hoch.

Genetik

Genetik ist eine der Hauptrisikofaktoren für Narzissmus. Zwillingsstudien wiesen dies nach. Allerdings gilt sie alleine nicht als ausreichend, um die Krankheit ausbrechen zu lassen. Die allgemein vorhandene Verwirrung diesbezüglich ergänzt der Umstand, dass es auch in der gesunden Entwicklung jeden Kindes eine narzisstische Phase gibt. Lass mich im Folgenden ein wenig Licht ins Dunkel bringen.

Negative Kindheitserfahrungen

Die frühe Kindheit kann für jedes Kind schwierig sein. Manche erleben in diesen Jahren Vernachlässigung, Missbrauch oder Traumata. Solche schlechten Erfahrungen haben einen tiefgreifenden Einfluss darauf, wie ein Kind über sich selber denkt.

In Fällen von emotionalem, körperlichem oder sexuellem Missbrauch sinkt das Selbstwertgefühl des Kindes aufgrund der Behandlung durch den Täter. Jahre später kann dies zu narzisstischen Verhaltensweisen und Tendenzen führen.

Narzissten sind oft nicht in der Lage, mit dem emotionalen Schmerz umzugehen, der durch negative Kindheitserfahrungen verursacht wird, und distanzieren sich davon, indem sie sich selbst überschätzen, anstatt Hilfe von anderen zu suchen.

Narzissmus ist als schwer überwindbar anzusehen, weil Erfahrungen in der Kindheit genetische Tendenzen zum Egoismus entweder schwächen oder verstärken können. So haben Eltern, die ihre Kinder zur Unabhängigkeit ermutigen, die Möglichkeit, ihrem Kind beizubringen, ein gesundes Selbstwertgefühl aufzubauen. Damit verglichen haben Eltern, die ihre Kinder ständig untergraben oder kritisieren, die Neigung, ihren Kindern zu lernen, dass sie wertlos und nicht liebenswert sind.

Daraus resultiert, dass sie das Gefühl bekommen, nichts zu verlieren zu haben, wenn sie andere Menschen schlecht behandeln. Dies sind nur zwei Beispiele dafür, wie Kindheitserfahrungen narzisstische Tendenzen bei Personen entweder schwächen oder verstärken können.

Narzissmus ist definiert als ein Zustand, in dem eine Person ein überhöhtes Selbstwertgefühl und einen Mangel an Empathie für andere hat. Viele Menschen assoziieren diese Persönlichkeitsstörung mit Eitelkeit oder aufmerksamkeitsstarkem Verhalten. Tatsächlich ist Narzissmus eine ernsthafte psychische Störung, die Millionen von Personen weltweit betrifft. Einige Psychologen glauben, dass Narzissmus auf ein Kindheitstrauma zurückzuführen ist. Folglich prägten sie den Begriff „narzisstischer Missbrauch", um die Erfahrung zu beschreiben, von einem narzisstischen Elternteil oder Erziehungsberechtigten missbraucht zu werden. In der Psychologie bezieht sich narzisstischer Missbrauch typischerweise auf emotionalen oder verbalen Missbrauch beziehungsweise Vernachlässigung, der oder die von einem Elternteil oder Erziehungsberechtigten mit narzisstischen Tendenzen verursacht wird.

Narzissmus als erlerntes Verhalten

Menschen, die in Haushalten mit einem Elternteil oder Vormund aufgewachsen sind, der narzisstische Tendenzen zeigt, weisen tendenziell ein geringeres Selbstwertgefühl auf und erleben Schwierigkeiten dabei, im Erwachsenenalter gesunde Beziehungen aufzubauen.

Sie haben die Neigung, viel häufiger als der Durchschnitt der Gesellschaft Angststörungen und Depressionen zu zeigen. Das liegt daran, dass sie den Schmerz, der durch ihre Kindheitserlebnisse verursacht wird, nicht von ihrem Alltag trennen können.

Deshalb ist es für Erwachsene, die mit narzisstischen Eltern oder Erziehungsberechtigten aufgewachsen sind, wichtig, aufgrund vorhandener psychischer Gesundheitsprobleme, die sie wahrscheinlich aufgrund ihrer Erziehung haben, eine Therapie zu suchen.

Wenig Empathie und Selbstbeherrschung werden als Ergebnis negativer Kindheitserfahrungen erlernt. Menschen, die ohne Liebe, Zuneigung und Aufmerksamkeit heranwachsen, haben die Tendenz, eine schlechte Eigenbeherrschtheit zu entwickeln.

Sie finden es auch schwierig, Empathie für andere zu empfinden, da sie während ihrer Entwicklung nie jemanden hatten, der ihnen Liebe oder Zuneigung entgegenbrachte.

Überdies fühlen sich Personen, welche von ihren Eltern verlassen oder, als sie noch klein waren, vernachlässigt wurden, oft leer und wertlos. Das kann darin münden, dass sie auf eine Weise handeln, mit der sie um jeden Preis die Aufmerksamkeit der anderen Personen erhalten.

Es ist schwierig, angeborene Tendenzen zum Narzissmus zu überwinden. Selbst jahrelange Therapie kann die Auswirkungen einer traumatischen Kindheit auf die Persönlichkeit eines Menschen nicht rückgängig machen.

Letztendlich sprechen sich einige Psychologen dafür aus, dass Narzissmus durch Gene, Kindheitserfahrungen sowie Umgebungen verursacht wird. Er gilt als erlerntes Verhalten. Es gibt bestimmte Verhaltensmerkmale wie Egoismus und mangelndes Einfühlungsvermögen für andere, welche jeder Mensch besitzt. Manche zeigen sie jedoch in Hülle und Fülle.

Vulnerabilitäts-Stress-Modell als Erklärungsansatz

Das Vulnerabilitäts-Stress-Modell (VSM) bietet eine Erklärung dafür, warum manche Menschen unter Stress narzisstisch werden. Es wurde hergestellt, um zu erklären, wie sich bestimmte Persönlichkeitsmerkmale entwickeln.

Es postuliert, dass das Gefühl der Verletzlichkeit, das Personen unter Stress erfahren, zur Entwicklung von Bewältigungsmechanismen führt, die mit der Zeit maladaptiv werden. Im Wesentlichen bedeutet dies, dass stressige Ereignisse in einem Leben eines Menschen darin münden können, dass er eher narzisstische Tendenzen zeigt.

Das Ausmaß, in dem dies passiert, ist direkt proportional zur Frage, wie stark die Stressreaktionen sind.

Kinder haben die Neigung, Merkmale des Narzissmus zu zeigen, wenn ihre Umgebung stressig ist oder emotionale Unterstützung fehlt. Eltern, die sich unter anderem gefühlsmäßig von ihren Kleinen entfernt befinden oder sie überfordern, werden ihren Schützlingen weniger wahrscheinlich die Hilfe geben, welche sie benötigen. Dies kann so ausgehen, dass die Kinder ungesunde Bewältigungsmechanismen entwickeln. Ferner können Eltern, die nicht verfügbar sind, wenn ihre Schützlinge emotionale Unterstützung brauchen, Situationen schaffen, in denen ihre Kinder keine andere Wahl haben, als mit ihren Problemen alleine fertig zu werden. Dies kann ebenso unerwünschte Bewältigungsmechanismen herbeiführen.

Die emotionale Gesundheit der Eltern hat auch einen erheblichen Einfluss darauf, ob ihr Kind im Erwachsenenalter narzisstische Tendenzen zeigt. Mütter und Väter, die offen mit ihren Emotionen umgehen und in der Lage sind, ihren Nachkommen ein gesundes Maß an Hilfe zu bieten, ziehen allgemein gut angepasste Kinder auf, auch wenn sie manchmal unter Stress stehen.

Indes haben Eltern, die mit jeglicher Art von Anspannung oder emotionaler Verletzlichkeit nicht umgehen können, die Tendenz, Nachkommen mit maladaptiven Bewältigungsmechanismen zu erziehen, die sie als normales Verhalten ausgeben. Das letztere Szenario führt viel wahrscheinlicher zu den Schützlingen mit narzisstischen Tendenzen im späteren Leben.

Das VSM hält Stressreaktionen für wesentlich, um das Auftreten von Narzissmus bei Menschen zu erklären, die durch frühkindliche Entwicklung einem oder mehreren Risikofaktoren ausgesetzt sind. Jedes Individuum erlebt irgendwann in seinem Leben Phasen emotionaler Belastung. Die meisten Personen entwickeln jedoch keine narzisstischen Tendenzen, weil sie über gesunde Bewältigungsmechanismen verfügen.

Jene, die keinen Zugang zu effektiven Methoden haben, mit Belastung umzugehen, sind weitaus anfälliger für die Entwicklung von Narzissmus als Bewältigungsmechanismus, wenn sie später im Leben auf Belastungssituationen stoßen.

Das Vulnerabilitäts-Stress-Modell zeigt, dass es eine ungünstige Verkettung diverser Ursachen braucht, damit sich Narzissmus beim Kind ausbildet. Das wird multifaktorielle Genese genannt. Jedenfalls sind andere Menschen die Ausgangsquelle für die Entstehung. Ein Narzisst entwickelt sich also nicht von alleine, sondern wird durch das Verhalten und die Genetik des Umfelds zu einem solchen gemacht.

Im Folgenden gebe ich dir drei Beispiele, um die Merkmale und Auswirkungen des Erziehungsstils etwas genauer zu veranschaulichen.

Beispiele: Mutter als Narzisstin, Überschätzung und fehlende Spiegelung des Kindes als gravierende Einflüsse

Mutter als Narzisstin

Eine narzisstische Mama ist eine, die ihr eigenes Selbstbild schätzt und oft die Gefühle ihres Schützlings missachtet. Dies kann sich nachteilig auf dessen Leben auswirken. Die Beziehung zwischen einer narzisstischen Mutter und ihrem Sohn oder ihrer Tochter ist typischerweise von Negativität geprägt. Sie wird die Gutmütigkeit und den Eifer ihres Kindes ausnutzen, um ihr zu gefallen und den Schützling wie eine Erweiterung ihrer selbst behandeln und übermäßig abhängig von seiner Liebe werden.

Die Frau wird ebenso unangemessene Forderungen an diesen stellen. Wenn eine narzisstische Mama einkaufen gehen möchte, erwartet sie vielleicht, dass ihr Sohn oder ihre Tochter sie begleitet. Weiter setzt sie das Kind vielleicht auch unter Druck, ihr bei der Hausarbeit zu helfen. Es ist nicht selten eine bequeme Quelle kostenloser Arbeitskraft für eine narzisstische Mutter. Letztere verletzt einen Schützling, indem sie seine Liebe ausnutzt. Kinder haben die Neigung, ihre Eltern zu vergöttern und machen alles, um sie glücklich zu machen.

Die narzisstische Mama nutzt dies aus, um den Sohn oder die Tochter zu manipulieren, das zu tun, was sie von ihm oder ihr will. Das schadet der Fähigkeit ihres Kindes, gesunde Beziehungen zu seinen Mitmenschen aufzubauen. Teil der inneren Welt eines narzisstischen Elternteils zu sein, ist nicht gut für das psychische Wohlbefinden des oder der Kleinen.

Die narzisstische Mutter erschafft eine Fantasiewelt, in der sie im Mittelpunkt der Aufmerksamkeit steht und die Menschen so mit ihr umgehen, wie sie behandelt werden möchte.

Auf dieser Erde ist sie beliebt, wohlhabend, wird von allen geliebt und gilt als schön. Die narzisstische Mama zwingt ihren Kindern diese falsche Wirklichkeit auf und diese müssen daran teilnehmen. Das untergräbt die geistige Gesundheit der Kleinen, da sie lernen, in einer Welt zu leben, die nicht mit der Realität übereinstimmt.

Die narzisstische Mutter hat die Tendenz, ihre Mitmenschen, und infolgedessen auch ihr Kind, zu schikanieren und falschen Informationen über Menschen zu glauben, die sie nicht mag. Meist misshandelt eine narzisstische Mama ihren Schützling oder vernachlässigt ihn. Gesundheitliche Schäden sind in dem Fall nicht ausgeschlossen.

In diesem Mutter-Kind-Verhältnis wird die Machtposition der Mama gegenüber dem Nachkommen ausgenutzt, um zu bekommen, was sie vom Leben haben will. Dem Kind wird eine falsche Weltanschauung aufgezwungen. Gesunde Beziehungen kann dieses daher im Leben als Erwachsener nur schwer aufbauen. Es hat jedoch die Option, zu lernen, mit der Situation umzugehen. So finden betroffene Kinder im Erwachsenenleben Frieden.

Überschätzung des Kindes

Viele Eltern wollen, dass ihre Kinder erfolgreich sind. Dabei geraten sie manchmal in Versuchung, die Fähigkeiten ihrer Kinder zu überschätzen.

Dies kann zu einer Entwicklung narzisstischer Tendenzen im Erwachsenenalter führen. Betroffene Kinder haben die Neigung, sehr egozentrisch zu sein und die Tendenz, schon früh zu glauben, dass sie anderen Menschen überlegen sind. Dies wird als „Selbstüberschätzung" bezeichnet und gehört zur gewöhnlichen Entwicklung.

Es ist jedoch nicht normal, dass sich später im Leben narzisstische Tendenzen herausbilden. Personen mit narzisstischer Persönlichkeitsstörung zeigen im Laufe der Zeit ein übersteigertes Selbstwertgefühl und die Unfähigkeit, sich in andere hineinzuversetzen.

Sie suchen oft Erfolg und Lob von anderen auf Kosten der Bedürfnisse ihrer Mitmenschen.

Die Überschätzung eines Kindes führt im Erwachsenenalter zu Narzissmus, weil das Problem entsteht, dass das Kind ein Gefühl der Überlegenheit gegenüber anderen entwickelt. Dies kann darin münden, dass sie Lob von den Mitmenschen suchen, ohne sich um ihre Bedürfnisse zu kümmern. Dann bildet sich ein Anspruchsdenken heraus, das sie dazu bringt, andere Menschen zu misshandeln. Kinder, die übermäßig gelobt und vor einem Misserfolg geschützt werden, können sich zu narzisstischen Erwachsenen entwickeln.

Das liegt daran, dass sie nie lernen, mit einem Misserfolg oder einer Kritik umzugehen, und als Erwachsene unfähig sind, mit Rückschlägen fertig zu werden.

Eltern, die ihre Kinder vor Misserfolgen schützen, unterliegen der Tendenz, narzisstische Erwachsene zu erziehen. Der Grund dafür ist, dass sie keine Erfahrung im Umgang mit Misserfolg oder Kritik haben und lernten, dass sie anderen überlegen sind.

Sie sind daran gewöhnt, dass alles ihren Lauf nimmt, und haben Schwierigkeiten, mit Rückschlägen im Erwachsenenalter umzugehen.

Zu lernen, wie man mit Misserfolgen umgeht, ist für den langfristigen Erfolg und das Glück unerlässlich, was sich für Narzissten oft als schwierig erweist. Scheitern lehrt uns, wie wir unsere Pläne anpassen und auf die Bedürfnisse anderer Rücksicht nehmen können. Es hilft uns auch dabei zu erkennen, dass wir allen anderen nicht überlegen sind. Das hält uns davon ab, andere Menschen zu misshandeln.

Individuen, die von ihren Eltern übermäßig gelobt werden, enden oft als narzisstische Erwachsene mit einem Gefühl der Überlegenheit gegenüber den Mitmenschen – besonders wenn sie in ihrem Leben noch kein Scheitern oder keine Kritik erlebt haben. Dies kann dazu führen, dass sie sich nicht in die Bedürfnisse anderer Personen einfühlen können, was damit endet, dass andere ohne Rücksicht auf ihre Gefühle misshandelt werden.

Scheitern hilft dabei, zu lernen, wie man mit Problemen umgeht, mit denen gewöhnliche Menschen konfrontiert sind, sodass Empathie und Mitgefühl gegenüber anderen gelernt werden können.

Nicht vorhandene Kindes-Spiegelung

Unter Spiegelung wird verstanden, dass die Mutter auf kindliche Äußerungen einfühlsam reagiert. Das bezieht sich auf die Aufnahme und Imitation von Mimik sowie Gestik. Ebenso inbegriffen sind dabei die Versprachlichung sowie eine positive emotionale Reaktion, welche verdeutlicht, dass ein Kind in seinem Dasein akzeptiert und gewollt wird.

Die Spiegelung ist vergleichbar mit diesem Beispiel aus der Liebesbeziehung:

Wenn du einen Narzissten das erste Mal siehst und seine Gefühle, diverse Dinge betreffend, ausdrückst, eine eigene Meinung über Themen hast, eine bestimmte Speise beziehungsweise Musik liebst, dann ahmt ein Narzisst dies nach.

Er spricht, wie du selbst, liebt dieselben Dinge wie du und hat leidenschaftliche Überzeugungen über Themen. Narzissten spiegeln das an dich retour, was sie von dir gelesen, über dich gelernt und an dich beobachtet haben. Du verliebst dich also in dich selbst, wenn die Liebe zu einem Narzissten beginnt. Auch wenn das eigenartig klingt, ist es so. Es handelt sich um Verliebtheit in die gespiegelte Version von sich selber. Deshalb fühlt es sich so magisch und wirklich gut an. Narzissten spielen dir so lange ein Spiel vor, bis sie sich deiner sicher sind.

In Wahrheit wollen sie dich jedoch nur manipulieren. Das zeigen dir diese Menschen natürlich erst dann, wenn du dich in ihren Fängen befindest.

Bist du eine Person, die dieses Verhalten beziehungsweise den Charakter rasch durchschaut? Ein Tipp von mir an der Stelle ist folgender: Gib einen Hinweis darauf, dass du das Spiel durchschaut hast und setze dir umgehend Grenzen, dann wirst du die Narzissten sofort von selber wieder los.

Statt des kindlichen Narzissmus treten bei einer gelungenen Entwicklung Respekt und Ernstgenommen-Werden eines Kindes zutage. Allerdings macht sich heutzutage eher ein Mangel an Aufmerksamkeit gegenüber den kleinen Schützlingen bemerkbar. Vor allem zeigt sich das auf dem Spielplatz. Einem Kind ist nicht geholfen, wenn es andauernd gelobt wird und wenn stets gesagt wird, wie toll es ist. Vielmehr braucht es auch seelisches Wachstum. Die Aufmerksamkeit, die es benötigt, wird erweiterte Selbstaufmerksamkeit genannt.

Dass die Kindes-Spiegelung fehlt, bedeutet, es gibt keine geeigneten Bezugspersonen für das Kind, welche es ihm ermöglichen, dass sich bei ihm ein stabiles Selbst entwickelt. Das Kind erfährt also niemals, wie es ist, in den eigenen Bedürfnissen nach einer Beziehung wahrgenommen, anerkannt und gespiegelt zu werden. Dadurch muss es sein Selbst aus sich selber heraus entstehen lassen.

Ihm bleibt auf diese Weise der Lernprozess des eigenen Emotionsregulierens verwehrt. Seine Emotionen können nur durch einen erwachsenen Elternteil gespiegelt werden, welcher ihm sein ganz ausgebildetes Nervensystem bereitstellt. Wenn dies nicht gegeben ist, sind wichtige Schleifen an Feedback nicht vorhanden und es kommt zu schlimmen Folgen für die Psyche des Kindes.

Bedeutende Bezugspersonen werden von Kindern in ihrer Vorstellung über ihre eigene Person mit verankert. Vaterschaft und Mutterschaft zählen zu ihrem eigenen Selbst dazu. So können auch Kinder daran teilnehmen. Weil die Anforderungen an die einzelnen Individuen jedoch ständig steigen, wird die Person als einzelner Mensch immer weniger wahrgenommen.

Eine liebevolle Aufmerksamkeit dem Schützling gegenüber und für sich selbst wird zunehmend zur Mangelleistung. Weil die Spiegelung fehlt, erlebt sich das Kind als nicht wahrgenommen.

Diagnose und Motivation für die Behandlung

Beachte, dass es selten vorkommt, dass eine Person, die eine Persönlichkeitsstörung hat, freiwillig einen Psychiater konsultiert, weil sie selber nicht davon überzeugt ist, dass sie eine Persönlichkeitsstörung hat. Um festzustellen, ob eine solche vorliegt, muss ein Gutachten von in einer Psychiatrie erstellt werden.

Damit jemand die Diagnose narzisstische Persönlichkeitsstörung erhalten kann, braucht es ein anhaltendes Muster von Grandiosität, mangelndem Mitgefühl und Bewunderung, welches sich durch die Präsenz von zumindest fünf der nachfolgend aufgelisteten Kriterien ergibt:

- ➢ Ein nicht begründetes, übertriebenes Gefühl der eigenen Relevanz und Talente. Dies wird als Grandiosität bezeichnet

- ➢ Die Auseinandersetzung mit Phantasien unbegrenzter Erfolge, Macht, Einfluss, Intelligenz, vollkommener Liebe sowie Schönheit

> Der Glaube, daran, dass jemand speziell und einzigartig ist, sowie die Überzeugung, man soll sich nur mit Menschen auf höchstem Niveau verbinden

> Der Wunsch nach bedingungsloser Bewunderung. Ein Gefühl des Anspruchs

> Ausnutzung von Mitmenschen, damit eigene Ziele erreicht werden

> fehlende Empathie

> Neid auf andere Personen sowie der Glaube, von ihnen beneidet zu werden

> Hoffart und Überheblichkeit

> Die Symptome haben sich spätestens im frühen Erwachsenenalter erstmals gezeigt

Das ICD-10 und DSM-5 nennen Verletzlichkeit nicht als diagnostisches Kriterium. Zahlreichen Psychiatern und Psychotherapeuten zufolge ist die Verletzlichkeit das wesentliche Merkmal, welches den Narzissmus als Störung ausmacht.

Eine vollständige Heilung kann nur bedingt erreicht werden. Therapieansätze sind lediglich erfolgreich, wenn der Betroffene sein Verhalten gegenüber seinen Mitmenschen ändert. Erkrankte sollten sich ihrer Handlungen bewusst sein. Da es den Betroffenen in erster Linie darum geht, ihre eigenen Bedürfnisse zu befriedigen, solltest du nicht erwarten, dass sie sich ändern möchten.

Sie gehen nur dann zu einer Beratung oder Therapie, wenn sie einen Leidensdruck verspüren, der groß ist. Den haben sie aber oft nicht, sondern eher das Umfeld.

Ein weiteres Hindernis ist, dass einige Therapeuten die Behandlung von Narzissten aufgrund der geringen Aussicht auf therapeutischen Erfolg ablehnen. Die Betroffenen müssen sich darüber im Klaren sein, dass sie eine medizinische Behandlung dringend benötigen und aktiv mitarbeiten, damit sie ihre Probleme in den Griff bekommen.

Narzissmus zu heilen, erfordert also eine mehrere Jahre lang dauernde Therapie und diese kann nur erfolgreich sein, wenn der Klient dazu bereit ist, seine eigenen Schwächen anzuerkennen und seine Fantasien, insbesondere Selbstüberschätzung, loszulassen.

Folgen von Narzissmus der Kindheit für die spätere Gesellschaft

Eine psychologische Betrachtung des Begriffs Narzissmus ist entsprechend den Aussagen von Dammann (2009) schon länger, vor allem in der Wirtschaft, aber auch im Bildungswesen und in anderen Bereichen, dringend erforderlich. Machtmissbrauch und Wirtschaftseinfluss sowie psychologische Aspekte rückten in Verbindung mit dem Wort Führung das Thema Narzissmus im Laufe der Zeit vermehrt in den Fokus des wissenschaftlichen Interesses.

Narzissmus im Management

Thema im Zusammenhang mit Führungskonzepten war laut Csef (2016) eine lange Zeit hindurch die Führungskräfte-Personalentwicklung. Zunehmend wurden Entgleisungen, das Scheitern und Versagen vonseiten des Managements diskutiert. Gründe für Derailment sind die Management-Persönlichkeit, berufliche Anforderungen und die Umgebung während des Arbeitens.

Narzissmus ist dabei als wesentlicher Persönlichkeitsfaktor spannend. Duale Narzissmus-Konzepte erklären, dass Narzissten sehr prädestiniert für Führungspositionen sind. Weiterhin sehen sie in ihm ein erhöhtes Risiko für das Versagen von Managern.

Wertz (2015) gelangte in ihrer Arbeit zum Ergebnis, dass narzisstische Eigenschaften von Führungskräften in letzter Zeit immer mehr in den Vordergrund gestellt werden, weil zunehmend Menschen, die über narzisstische Persönlichkeitsmerkmale verfügen, Karriere machen sowie in hohe Positionen hineingewählt werden. Ein Beispiel ist ihrer Meinung nach der Universitätsbereich, wo auch narzisstische Führungspersönlichkeiten zu finden sind. Als Auswirkungen von narzisstischer Führung im Universitätsbereich erfolgte eine Untersuchung auf die Bereiche Kündigungsabsichten, Work-Life-Balance und Arbeitszufriedenheit hin.

Die Autorin prüfte die Hypothese, dass Professoren, die in einer Führungsposition an einer deutschen, österreichischen und Schweizer Universität besonders ausgeprägte narzisstische Neigungen haben und bestätigte diese durch eine Studie. Ihren Ergebnissen zufolge hat jede dritte Führungskraft an einer Universität im Narzissmusinventar NPI-15 einen Wert über dem Cut-Off-Wert.

Dieser gilt in der Labordiagnostik als Wert, ab welchem ein spezifischer Test als negativ oder positiv gilt.

Das Laborverfahren hat eine Nachweisgrenze. Sie gibt an, bis zu welcher Konzentration von Stoff eine Substanz, die bestimmt werden soll, gerade noch mit Zuverlässigkeit erfassbar ist.

Die Autorin stellte darüber hinaus fest, dass sich die negativen Auswirkungen vor allem auf das Wohlbefinden, die Motivation, das Vertrauen, die Autonomie von geführten Arbeitskräften sowie in der Folge auf deren Kompetenzen beziehen. In der Studie konnte ein negativer Zusammenhang zwischen einer Führung, die narzisstisch geprägt ist und Forschungsleistungen von wissenschaftlichen Mitarbeitern dieser Person nachgewiesen werden. Das heißt, wenn die wissenschaftliche Leitung unter Narzissmus leidet, dass dann die Mitarbeitenden schlechtere Ergebnisse bringen, als wenn sie unter einer Führungsperson tätig wären.

Die Narzissmus-Ausprägung der Führungskraft ist also ein aussagekräftiger Prädiktor für Forschungsleistungen. Signifikante Verbindungen gibt es ferner mit anderen Outcomes.

Etwa besteht eine negative Korrelation der Arbeitszufriedenheit und der Work-Life-Balance mit dem narzisstischen Führungsstil.

Kündigungsabsichten korrelieren hingegen positiv mit einer narzisstischen Führungspersönlichkeiten-Ausprägung.

Narzissten streben nach Braun (2017) oftmals eine Führungsposition an und werden von ihren Mitmenschen für eine Führungsposition ausgewählt. Sie handeln in ihrem Eigeninteresse und setzen die Bedürfnisse und Wünsche der übrigen Welt auf das Spiel. Hier stellt sich die Frage: Ist Narzissmus bei Führungskräften gut oder schlecht für Organisationen und ihre Mitglieder? Die Frage ist nicht eindeutig beantwortbar. Narzissmus hat nach Ansicht der Dame offensichtlich zwei Seiten, nämlich eine helle und eine dunkle.

Anders sieht dies Furtner (2017). Er betrachtet den Narzissmus in der Führung als keine positive Entwicklung und führte in diesem Zusammenhang den Begriff Dark Leadership ein. Neben narzisstischen Personen zählt er machiavellistische (egoistische und machthungrige) sowie psychopathische (impulsive) Menschen zur dunklen Persönlichkeitstriade. Arbeiten solche Menschen in einer Führungsposition, wird von Dark Leadership gesprochen.

Typische Merkmale für solche Führungstendenzen sind ein hohes selbstsüchtiges Machtmotiv und eine enorme Orientierung an sozialer Dominanz. Sie gelten als sozial nicht verträglich, hochmütig und zeigen sich gefühlskalt sowie herzlos.

Weiterhin lässt sich bei diesen Menschen eine kalte Empathie nachweisen. Damit ist gemeint, dass sie sich zwar schon kognitiv, also rational, in die Emotionen ihrer Mitmenschen hineinversetzen können, allerdings spüren sie selber innerlich keine Gefühle.

Die narzisstische Führung ist, verglichen mit den zwei anderen Varianten, mit eher hellen und sozial-adaptiven Eigenschaften und Folgen verbunden. Die dunkelste Dimension der Dark Leadership Führung ist die psychopathische Führung.

Auch Kuhn und Weibler (2022) können im Narzissmus in der Führung nichts Positives erkennen. Sie sprechen in Verbindung mit diesem Thema von der dunklen Seite von Führung. Damit ist eine Führungsform gemeint, welche als nicht ethisch beschrieben wird und negative Folgen für die Beteiligten mit sich bringt.

Gesunder Narzissmus ist gut für die Führungskompetenz. Er ist also zu Beginn als Karriereförderer anzusehen. Je länger die Person im Unternehmen tätig ist, umso mehr Schaden hat das Unternehmen. Krankhafter Narzissmus mündet in einer Isolation. Narzissmus entwickelt sich schließlich zu einem Hindernis in der Karriere. Aus diesen Forschungen kannst du schnell erkennen, dass Narzissmus in Führungspositionen nichts zu suchen hat, weil die Konsequenzen für die Mitarbeitenden gravierend sein können.

Ein weiteres Beispiel, bei dem die Auswirkungen fatal sind, wenn er dort auftritt, ist der Bildungsbereich.

Narzissmus im Bildungsbereich

Jugendliche mit narzisstischen Störungen haben ein grandioses, jedoch gleichzeitig fragiles Selbstbild. Weiter kennzeichnen sie sich durch Größenfantasien, leichte Kränkbarkeit und ein enormes Bedürfnis nach Bewunderung. Das ist laut Allroggen und Fegert (2010) der Grund dafür, dass narzisstische Jugendliche der Gefahr ausgesetzt sind, an Schulen Amokläufe zu begehen oder solche anzudrohen.

Besonders für Kinder und Jugendliche ist es schlimm, mit Narzissten konfrontiert zu werden. Sie sind nach einem narzisstischen Angriff oft diesen Gefühlen ausgesetzt:

- ➢ Verunsicherung

- ➢ Irritation

- ➢ Selbstwertzweifel

- ➢ Furcht, Grübeln

- ➢ Depression

- ➢ Angst

- ➢ Ausraster

- ➢ Kriminalität

➢ Rache

➢ Psychosomatische Symptome

➢ Stresserkrankung

➢ Nicht kontrollierbare Reaktionen

Gut ausgebildete Lehrkräfte sollten eigentlich neben ihrer fachlichen Qualifikation auch soziale Kompetenzen aufweisen. Hierzu gehören Einfühlungsvermögen, Verständnis, Kooperationsbereitschaft, Fairness und Begeisterungsfähigkeit. Ein narzisstischer Lehrer hat diese allerdings nicht. Erkennen kannst du solche Personen an ihrem gefühllosen und versteinerten Gesicht. Was die Person gerade denkt oder wie sie im nächsten Moment reagieren wird, ist unvorhersehbar. Ebenso ist nicht ersichtlich, ob die Lehrkraft gerade gute Laune hat und ob sie in den nächsten Minuten beleidigend und kränkend werden.

Aus der Körpersprache sind keine deutlichen Signale zu erkennen. Dies sorgt für große Verunsicherung aufseiten der Kinder.

Diese halten dann oft zunehmend Abstand vom Unterricht aus Angst vor nicht einschätzbaren Reaktionen.

Dass sich ein narzisstischer Lehrer in seine Schüler hineinversetzt, ist unmöglich. Dein seelisches Befinden interessiert ihn nicht. Daher sind Kinder optimale Opfer für ihn. Er kann seine Unzufriedenheit direkt an ihnen abwälzen und wird von ihnen dennoch bewundert. Dass er seine Position ausnutzen kann, weil er Macht über die Kinder hat, gefällt dem Narzissten. Er kann sie nämlich behandeln, wie er es möchte und häufig schreitet niemand ein. Sein Ziel ist es also nicht, seinen Schülern etwas zu lernen, sondern er möchte nur Bewunderung für sein eigenes Wissen und Talent erhalten.

Das Ziel der narzisstischen Lehrkraft ist es stets, seine Schüler zu unterdrücken, damit sie schwächer statt stärker werden. Deshalb demütigt sie ausgewählte Kinder und stellt sie vor allen Mitschülern bloß. Oft kann man bei solchen Lehrkräften gleichzeitig beobachten, dass einzelne oder mehrere andere Schüler idealisiert, bevorzugt oder übermäßig gelobt werden.

Sie bekommen ganz andere Noten, ohne dass sie bessere Leistungen erbringen und einfachere oder weniger Aufgaben.

Feststellbar ist im Grunde, dass manche machen können, was sie wollen, wohingegen andere sofort bestraft werden. Das Ziel davon ist es, dass sich die zwei Gruppen von Kindern zerstreiten, weil sich eine Gruppe gegenüber der anderen Gruppe benachteiligt fühlt. Anstatt dass die Klassengemeinschaft gefördert wird, kommt es zur Förderung von Hass und Rivalität in der Gruppe.

So baut sich die narzisstische Lehrkraft Verbündete auf, die sich niemals gegen sie stellen würden. Damit sie ihre Macht demonstrieren kann, verwendet sie die Verunsicherung als Methode. Das bedeutet, Unterrichtsstoff, Noten, Prüfungstermine und Aufstiege werden willkürlich gewählt, anstatt auf einer nachvollziehbaren Grundlage zu beruhen. Außerdem werden die Kinder oft überfordert, indem sie Aufgaben bewältigen müssen, die ihrem Alter nicht entsprechen oder welche die Lehrperson ihnen noch nicht einmal beigebracht hat.

Auswirkungen für Betroffene und ihr Umfeld

Die Folgen für Betroffene von Narzissmus und deren Umfeld sind Resignation, Frustration, Trennung oder Scheidung, Sucht, Vereinsamung und Suizid.

Resignation:

Der Begriff meint, dass sich jemand einer Situation, die als ausweglos erscheint, fügt. Als Beispiel kann angeführt werden, dass sich ein Kind ein Ziel gesetzt hat, das es nicht erreichen kann oder will, weil ihm der Einsatz zu hoch erscheint. Dadurch entsteht dann beim Kind der Gedanke, dass es das Ziel lieber „auf Eis" legt. Hierdurch stumpfen die Gefühle ab oder es kommt zu einer Aktivitäten-Minderung und Antriebsschwäche. Resignation kann aber auch positiv gesehen werden, weil sie dabei hilft, Zorn zu verhindern. Sie führt vielmehr zu Ruhe und einem Überlegenheitsgefühl.

Frustration:

Sie wird als eine Enttäuschung über ein Bemühen, das vergeblich erscheint, definiert. Synonyme sind Missmut und Verdrossenheit.

Frustration entsteht, wenn ein unfreiwilliger Verzicht auf die Erfüllung eines Wunsches oder einer Erwartung verlangt wird.

Trennung/Scheidung:

Damit ist die Beendigung einer Beziehung gemeint. Synonyme Begriffe sind auseinandergehen, ausscheiden und Lebewohl. Eine Trennung oder Scheidung kann sich auf einen Liebespartner oder den Beruf beziehen. Sie ist für Betroffene oft nicht leicht zu bewältigen.

Sucht:

Sie beschreibt den Zustand, dass jemand von etwas, beispielsweise von Heroin oder Alkohol, abhängt, also darauf angewiesen ist. Gleichzeitig wird darunter ein übertriebenes Verlangen danach, etwas zu machen, verstanden. Jemand kann physisch oder psychisch von einem Verhalten oder einer Substanz abhängig sein.

Das Suchtmittel oder Verhalten wirkt auf das Belohnungszentrum, das sich im Gehirn befindet, indem es dort für die Entstehung positiver Gefühle sorgt.

Vereinsamung:

Sie wird auch als Einsamkeit, Isolation, Verlassenheit oder Abkapselung bezeichnet. Ebenso sind Einsiedlerleben, Zurückgezogenheit oder Abgeschiedenheit Synonyme für den Begriff. Betroffene Kinder leben also alleine und ziehen sich von der Umwelt zurück.

Suizid:

Mit dem Begriff ist Selbstmord gemeint. Darunter wird verstanden, dass das eigene Leben vorsätzlich beendet wird. Eine betroffene Person tötet sich also selber. Selbsttötung und Freitod sind Begriffe, die statt Suizid verwendet werden.

Prävention gegen Narzissmus durch Eltern und das Umfeld

Um präventiv gegen die Entwicklung von Narzissmus vorzugehen, können Eltern und alle anderen Menschen darauf achten, dass sie für die Ausbildung geeigneter Schutzfaktoren beim Kind sorgen.

Davon gibt es einige, welche die Narzissmus-Entstehung verhindern oder zumindest das Ausmaß der Störung einschränken. Dazu zählen spezifische Persönlichkeitsmerkmale, mit welchen ein Kind auf diese Welt gekommen ist. Du erfährst nun, welche das sind und erhältst jeweils eine kurze Beschreibung dazu.

Hohe Stresstoleranz

Stress-Toleranz ist eine wichtige Fähigkeit, die ein Kind entwickeln muss, um in der schnelllebigen und hektischen Welt zu überleben. Stress kann es jeden Tag aufs Neue treffen und wenn es nicht lernt, damit umzugehen, kann er seine Gesundheit, sein Wohlbefinden und sogar seine Beziehungen negativ beeinflussen.

Doch was genau ist Stress-Toleranz? Die American Psychological Association (APA) definiert Stress-Toleranz als die Fähigkeit, mit Herausforderungen und Widrigkeiten im Leben fertig zu werden. Dies bedeutet, dass stress-tolerante Menschen in der Lage sind, gut damit umzugehen, ohne dass ihre Gesundheit oder ihr Wohlbefinden leidet. Stress-Toleranz ist eine Fähigkeit, die man braucht, um gesund und glücklich zu sein. Sie ist jedoch leider nicht angeboren, sondern muss gelernt werden.

Zum Glück gibt es einige Möglichkeiten, wie man seine Stress-Toleranz verbessern kann.

Hier findest du einige wertvolle Tipps:

> ➢ Achtet als Eltern oder andere Beteiligte darauf, dass Kinder sich Zeit für sich selbst nehmen. Jeden Tag sollte ein Kind mindestens 30 Minuten für sich einplanen. Dies kann bedeuten, dass es einen Spaziergang macht oder etwas liest. Aber es ist wichtig, dass es etwas macht, das es entspannt und ihm guttut.

➢ Das Kind muss lernen, nein zu sagen. Viele Menschen haben Schwierigkeiten damit, das Wort „nein" auszusprechen. Doch dies ist eine wichtige Fähigkeit, welche die Stress-Toleranz betrifft. Wenn ein Kind immer nur ja sagt, nimmt es sich selbst zu viel Arbeit auf und neigt dazu, unter Druck zu geraten. Daher gilt es, nein zu sagen und die Prioritäten richtig zu setzen.

➢ Meditation oder autogenes Training lernen: Mediation hilft dabei, den Geist zu beruhigen und zur Ruhe zu kommen. Autogenes Training ist ebenso eine hervorragende Möglichkeit, um den Körper zu entspannen. Es gibt viele Bücher und Online-Ressourcen, die einem Kind beibringen können, wie man meditiert oder autogenes Training ausführt.

➢ Progressive Muskelentspannung üben: Durch die Konzentration auf die An- und Entspannung der Muskeln kann das Kind seinen Geist beruhigen und entspannter werden.

➢ Auf die Ernährung achten: Eine gesunde Ernährung trägt nicht nur zur allgemeinen Gesundheit bei, sondern hilft auch, den Körper fit für den Umgang mit Stress zu halten. Daher ist darauf zu achten, ausgewogen und gesund zu essen.

Sichere soziale Bindung und Unterstützung

Kindern ist von Geburt an ein Bedürfnis innewohnend, enge Beziehungen mit ihren Mitmenschen zu pflegen. Dies ist wichtig für ihr Überleben. Die Bezugspersonen sorgen dafür, dass ihre Bedürfnisse befriedigt werden. Eine sichere Bindung gilt als lebenslanger Schutzfaktor. Kinder kommen unreif auf die Welt und ihr Überleben hängt von den Erwachsenen ab, die sie umgeben.

Die Menschen in ihrem Leben müssen sowohl auf körperliche Bedürfnisse achten als auch darauf, welche Geräusche und Emotionen das Kind zeigt. Ebenso wichtig ist, wie es Rufe aussendet.

Das Kind möchte folgende Erfahrung mit seinen Mitmenschen machen:

> ➢ Es wird gehört und gesehen, sofort nachdem es nach einer Person gerufen hat.

> ➢ Unmittelbar ist immer jemand zur Stelle.

> ➢ Seine Gefühle können vertrauensvoll offengelegt werden und Bedürfnisse werden ernst genommen.

> ➢ Man hilft, Stress zu reduzieren, indem aufgezeigt wird, wie ein Kind dies selbst machen kann.

> ➢ Kinder wollen so sein, wie sie sein möchten und trotzdem geliebt werden.

Soziale Bindung ist der Ausdruck der emotionalen Zuwendung und Verbundenheit zwischen zwei oder mehreren Personen. In der Kindheit spielt diese soziale Bindung eine wichtige Rolle für die Entwicklung des Kindes. Die Bezugsperson ist stets bedeutend für das Kind, da sie ihm Halt und Geborgenheit gibt. Durch diese soziale Bindung entwickelt sich ein Gefühl der Zugehörigkeit und Sicherheit beim Kind. Soziale Bindung ist also ein wesentlicher Faktor für seine Entwicklung. Durch die Bezugsperson kann es seine Emotionen ausdrücken und sich ernst genommen fühlen. Außerdem ist es möglich, dass sich das Kind bei seiner Bezugsperson ausweint oder über Probleme spricht. Dadurch entwickelt sich ein Vertrauensverhältnis zwischen ihm und seiner Bezugsperson, was wiederum die soziale Bindung stärkt.

Soziale Bindung ist ein wesentlicher Bestandteil der Entwicklung eines Kindes. Sie bezieht sich auf die Beziehungen, die es mit anderen Menschen hat, und darauf, wie der Schützling diese Beziehungen empfindet. Eine positive Sozialbindung bedeutet, dass ein Kind gut mit anderen Menschen interagiert und sich in ihrer Gesellschaft wohlfühlt.

Eine positive Sozialbindung ist für das Wohlergehen eines Kindes essentiell. Denn soziale Kompetenz stellt eine Schlüsselqualifikation dar, die es braucht, um erfolgreich zu sein – sowohl im Berufsleben als auch im Alltag. Ohne soziale Kompetenz riskiert es also, dass sein Leben nicht so verläuft, wie dieses es sich erträumt hat.

Umso wichtiger ist es also, dass Kinder lernen, in sozialen Situationen positiv zu reagieren und sich in der Gesellschaft von anderen Menschen wohlfühlen. Denn nur so können sie ihre Stärken ausspielen und ihr Potenzial vollends entdecken.

Ein Kind baut soziale Bindung zu seinen Mitmenschen so auf:

> ➢ Es fühlt sich mit ihnen, etwa durch gemeinsame Interessen, Ziele oder Werte, verbunden. Du musst deshalb dafür sorgen, dass dein Kind mit anderen Menschen in Kontakt tritt und sich mit ihnen wohlfühlt. Dazu eignet sich besonders die Teilnahme an Gruppenaktivitäten oder der Aufbau von sozialen Netzwerken.

➢ Empathie wird vorgelebt. Damit ist gemeint, sich in andere Menschen hineinzuversetzen und zu verstehen, was diese empfinden. So entsteht eine engere Beziehung und es wird leichter, soziale Bindung aufzubauen.

Es gibt zahlreiche Faktoren, welche die Bindung zwischen einer Mutter und ihrem Kind beeinflussen können. Die Art der Geburt, der Zeitpunkt, an dem das Kind zu Hause bei der Mutter lebt, und das Geschlecht des Kindes, sind Faktoren, die eine Rolle spielen können.

Als einer der wichtigsten Aspekte für die Stärke einer Mutter-Kind-Bindung gilt jedoch die emotionale Einstellung der Mutter zu ihrem Kind. Wenn die Mutter emotional an ihr Kind gebunden ist, wird sie es häufiger in den Arm nehmen und besser für sein Wohlbefinden sorgen. Dies führt dazu, dass sich das Kind sicher und geliebt fühlt und entsprechend auch eine stärkere Bindung zu seiner Mutter entwickelt. Eine enge Mutter-Kind-Bindung ist einer der wichtigsten Faktoren für die Gesundheit und das Wohlbefinden eines Kindes. Die Bindung hilft dem Schützling, sich sicher zu fühlen, vertraut zu sein und die Welt um sich herum zu verstehen.

Als Mutter kannst du die Bindung zu deinem Kind folgendermaßen stärken:

> Verbringe regelmäßig Zeit und kommuniziere mit ihm. Behandle es liebevoll.

> Nimm dein Kind so oft, wie es geht, in den Arm.

> Unterhalte dich stets auf Augenhöhe mit ihm. Dadurch wird die Bindung zwischen euch gestärkt und dein Schützling fühlt sich verstanden und akzeptiert.

> Reagiere aufmerksam auf die Bedürfnisse deines Kindes und erkenne sie. Dadurch wird die Bindung zwischen euch vertieft und dein Liebling fühlt sich gesehen und verstanden.

> Sei offen für die Emotionen und die Gefühle deiner Kinder. Dadurch wird die Bindung zwischen euch vertieft und dein Sohn oder deine Tochter hat das Gefühl, verstanden und akzeptiert zu werden.

> Sorge dafür, dass du genug Schlaf bekommst. Dein Körper und deine Seele brauchen Zeit, um sich auf dein Kind einzustellen.

> Berühren es so oft wie möglich, streichle seine Haare oder seine Wange. Es ist wichtig, dass dein Schützling spürt, dass er geliebt wird.

> Sei offen für neue Erfahrungen mit deinem Baby bzw. deinem Kind. Lass dich von seinen Gefühlen und Reaktionen beeinflussen.

Es gibt diverse Faktoren, die dazu beitragen können, eine enge Bindung zwischen einer Mutter und ihrem Kind aufzubauen. Einen Einfluss darauf, welcher Aspekt am wichtigsten ist, hat der Zeitpunkt, an dem die Bindung entsteht. Wenn die Mutter stillt, kann sie sein Kind eng an sie binden und wenn nicht, gibt es noch andere Möglichkeiten dafür. Wichtig ist es, zu beachten, dass die Art der Bindung in jedem Fall individuell ist. Jede Mutter hat ihre eigenen Gedanken und Bedürfnisse hinsichtlich der Art und Weise, wie sie ihr Kind ansieht oder berührt.

Hohe Resilienz

Die Meinung, dass die Widerstandsfähigkeit einer Person etwas mit abgehärtet sein oder etwas ertragen zu tun hat, ist in der Gesellschaft verbreitet. Oft wird angenommen, das bedeutet, weniger fühlen zu müssen oder sich so gegen Druck, Krisen sowie Stress abzuhärten, dass man dagegen unempfindlich wird. Bei der Resilienz geht es stattdessen vielmehr darum, mit der Situation gesund umzugehen und sich positiv mit ihr auseinanderzusetzen. Die Situation muss angenommen werden, wie sie ist. Anschließend sind Wege für eine gute Bewältigung zu finden.

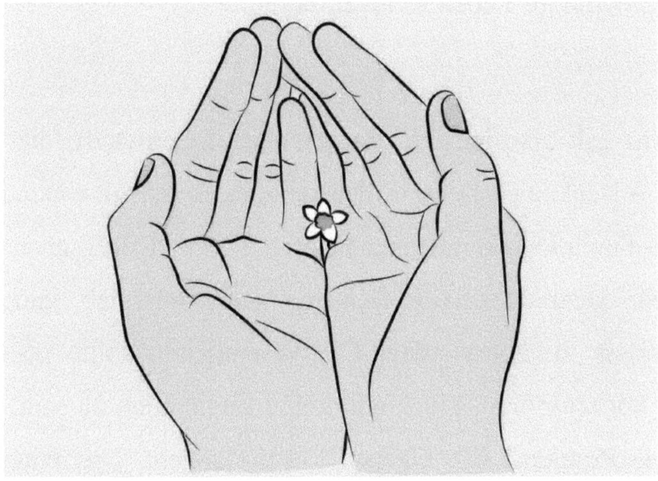

Das Konzept der Resilienz hat mit der Fähigkeit einer Person zu tun, sich von Widrigkeiten zu erholen. Sie ist eine inhärente Eigenschaft, welche bestimmt, wie eine Person mit Stress umgeht.

Ein hohes Maß an Resilienz ist eine starke mentale Eigenschaft und kann als große Persönlichkeit interpretiert werden. Starke Persönlichkeiten haben die Kraft, sich von Rückschlägen zu erholen und weiterzumachen, anstatt in der Vergangenheit zu schwelgen. Außerdem verfügen sie über das nötige Selbstvertrauen, um ihr Leben selbst in die Hand zu nehmen. Ein hohes Maß an Resilienz ermöglicht es Menschen, Widrigkeiten zu vergessen und ihr Leben weiterzuführen.

Resilienz gilt als eine wichtige mentale Eigenschaft, die durch positives Denken gestärkt werden kann. Personen mit einem hohen Maß an Furchtlosigkeit denken positiv, um ihre Erfolgschancen zu erhöhen. Denn positives Denken baut Stress ab und hilft, Hindernisse zu überwinden. Im Wesentlichen sollte man sich darauf konzentrieren, glücklich und zuversichtlich zu sein, wenn man die Probleme des eigenen Lebens angeht. Das unterstützt dabei, sich leicht von Rückschlägen zu erholen.

Ein hohes Maß an Widerstandsfähigkeit ist eine starke mentale Eigenschaft, die viele großartige Charaktere und starke Persönlichkeiten auszeichnet. Sie ermöglicht es Menschen, sich von Widrigkeiten zu erholen und ihr Leben weiterzuführen. Außerdem wirkt sich ein höheres Maß an Furchtlosigkeit positiv darauf aus, wie man mit den Problemen des Lebens umgeht. Positiv zu bleiben, ist auch der Schlüssel zur Bewältigung von Widrigkeiten.

Viele Menschen haben Schwierigkeiten, weil sie sich mit vergangenen Misserfolgen beschäftigen. Dies führt dazu, dass man in der Gegenwart scheitert und verhindert, Lebensereignisse zu verbessern. Aus diesem Grund sollte jeder Rückschlag als eine Gelegenheit, zu lernen und zu wachsen, angesehen werden. Dies hilft dabei, die eigenen Schwächen zu überwinden und im Leben erfolgreicher zu werden.

Letztlich beschreibt Resilienz die psychische Widerstandskraft. Dank ihr ist es möglich, sich von äußeren Umständen, beispielsweise Stress oder Schicksalsschlägen, nicht umwerfen zu lassen. Stattdessen wird in der inneren Ruhe geblieben beziehungsweise dorthin zurückgekehrt.

Umwerfen in diesem Zusammenhang bedeutet krank werden. Resilienz wird als psychische Krankheiten-Abwehr-Methode definiert.

Da Narzissmus eine Persönlichkeitsstörung ist, wirkt eine hohe Resilienz auch dagegen. Eltern und das Umfeld von Kindern sind deshalb dazu angehalten, dafür zu sorgen, dass ihr Kind über eine hohe Resilienz verfügt. Sie kann durch die Vermeidung von negativem Denken wirksam gefördert werden.

Dazu gibt es einige Methoden, die sich bewährt haben. Ich möchte sie dir nun genauer vorstellen.

Lerngeschichtliche Aspekte berücksichtigen

Lerngeschichtliche Aspekte wie stärkende Erfahrungen, Erfolgserlebnisse, ein Kraft gebendes Hobby sowie Zufluchtsmöglichkeiten sollten bei der Vorbeugung von Narzissmus bei Kindern zwingend berücksichtigt werden. Nachfolgend erfährst du, was damit gemeint ist und wie genau diese Aspekte helfen.

Stärkende Erfahrungen...

sind ein wirksames Mittel zur Prävention von Narzissmus bei Kindern. Dabei kann es sich um positive Anerkennung, Hilfe und emotionale Verbindung handeln. Wenn Kinder stärkende Erfahrungen machen, können sie die Fähigkeit entwickeln, sich selbst und andere besser zu verstehen. Weiterhin haben sie so die Möglichkeit, eine starke emotionale Kompetenz und ein gutes Selbstwertgefühl aufzubauen. Eltern fördern dies am besten durch eine Reihe von Aktivitäten, z. B. durch regelmäßige Gespräche, die Teilnahme an Tätigkeiten, welche das Selbstvertrauen stärken, und die Unterstützung bei der Erreichung persönlicher Ziele.

Letztendlich können stärkende Erfahrungen solcher Art dazu beitragen, dass Kinder ein gesundes Maß an Selbstwertgefühl entwickeln, ohne dass sie an Narzissmus leiden müssen.

Eltern und Lehrer spielen eine entscheidende Rolle bei der Förderung des Wohlbefindens und des Erfolgs von Kindern. Um stärkende Erfahrungen herbeiführen zu können, müssen sie sich bemühen, eine positive und unterstützende Atmosphäre zu schaffen.

Sie sind dazu aufgerufen, dem Kind aufmerksam zuzuhören und es in seinen Bemühungen zu bestärken. Eltern und Lehrer können auch durch Nachhilfe, Tutorien oder andere Unterstützungsprogramme den Kindern dabei helfen, ihr volles Potenzial zu entfalten. Ferner schaffen sie positive Erfahrungen, indem sie ihre Aufmerksamkeit auf das Verhalten und die Leistungen des Kindes richten und es bestätigen und belohnen. Das leistet einen Beitrag dazu, dass sich das Kind gestärkt und ermutigt fühlt und weiterhin Anstrengungen dahin gehend tätigt, seine Ziele zu erreichen.

Kinder müssen lernen, wie sie sich selbst wertschätzen und verantwortungsbewusst mit ihren Mitmenschen interagieren können, um ein gesundes und nicht narzisstisches Verhalten zu entwickeln.

Solche Erlebnisse helfen ihnen dabei, ihre eigenen Fähigkeiten und Fertigkeiten zu entwickeln und sich selbst zu akzeptieren. Es ist wesentlich, den Kindern beizubringen, wie man selbstständig eine Entscheidung trifft und Verantwortung für seine Handlungen übernimmt. Dadurch werden sie in die Lage versetzt, ihr Selbstvertrauen zu stärken.

Ebenso können Eltern und Erzieher Kindern beibringen, wie man sich mit anderen sozial konstruktiv austauscht, Konflikte löst und mit schwierigen Situationen umgeht. Solche Erfahrungen unterstützen dabei, sich selbst und andere zu respektieren und zu schätzen. Ferner haben Eltern und Erzieher die Möglichkeit, ihren Kindern beibringen, wie man seinen Mitmenschen hilft, Verständnis für sie zeigt und ein gutes Verhalten anderer anerkennt. Alle diese Faktoren tragen dazu bei, dass Kinder in einer gesunden Weise an sich selbst glauben und ihr Verhalten nicht auf Narzissmus basiert.

Erfolgserlebnisse...

bei Kindern herbeiführen, ist eine wichtige Aufgabe, die Eltern und Lehrer gemeinsam übernehmen. Dabei sollen sie die Motivation und deren Leistungsbereitschaft fördern, um ein positives Lern- und Erfolgserlebnis zu schaffen. Ein Weg besteht darin, dem Kind kleine Erfolge zu ermöglichen, indem es einzelne Aufgaben schrittweise erreicht. Dies fördert nicht nur die Motivation, sondern auch das Selbstvertrauen des Kindes. Eine weitere Möglichkeit, Erfolgserlebnisse zu schaffen, ist es, den Kindern ein positives Feedback zu geben.

Eltern und Lehrer sollten es nicht nur auf seine Fehler, sondern auch auf seine Fortschritte hinweisen. Wenn Kinder ein positives Feedback erhalten, fühlen sie sich ermutigt und motiviert, weiterhin zu lernen und zu wachsen. Ansonsten sollten Eltern und Lehrer sicherstellen, dass die Lernumgebung des Kindes anregend und positiv ist.

Wenn ein Kind in einer Atmosphäre voller Verständnis, Unterstützung und Aufregung lernt, wird es ein erfolgreicheres Lern- und Erfolgserlebnis haben. Eltern und Lehrer reagieren am besten auf Erfolgserlebnisse, indem sie die positiven Ergebnisse des Kindes würdigen, auf seine Erfolge stolz sind und ihm dabei helfen, seine Fortschritte zu feiern.

Die Förderung von Erfolgserlebnissen ist eine der wichtigsten Präventionsstrategien. Sie kann durch eine Kombination aus positiver Anerkennung, Bestätigung und Verstärkung erreicht werden. Eltern sollten auch einen gesunden Umgang mit Fehlern und Misserfolg fördern, indem sie ihre Kinder ermutigen, aus ihren Fehlern zu lernen und neu zu starten. Wenn Kinder Erfolgserlebnisse haben, können sie sich selbst besser verstehen und ihr Selbstwertgefühl stärken.

Dies ist hilfreich, um das Risiko für die Entwicklung von Narzissmus bei Kindern zu verringern. Eltern und Lehrer können Erfolgserlebnisse bei Kindern herbeiführen, indem sie eine Atmosphäre schaffen, in der sich Kinder sicher und geschätzt fühlen.

Dies ermöglicht es, ihre Ziele zu erreichen und sich mit Stolz und Zufriedenheit auf ihre Leistungen zu besinnen. Eltern und Lehrer sollten die Kinder ermutigen, wenn sie etwas Neues lernen. Konstruktive Rückmeldungen sorgen dafür, dass sie wissen, was sie gut gemacht haben und verbessern können. Auch regelmäßiges Lob und Anerkennung für kleine Erfolge können den Kindern helfen, sich sicherer und selbstbewusster zu fühlen. Eltern und Lehrer sollten ferner realistische Ziele setzen und die Kinder dabei unterstützen, sie zu erreichen. Wenn sie Erfolgserlebnisse haben, sollten Eltern und Lehrer sie ermutigen, sich selber zu feiern, am besten gemeinsam mit den Lehrern oder Eltern.

ein Kraft gebendes Hobby...

dass den Kindern Freude bereitet, kann ein wertvolles Werkzeug sein, um Narzissmus zu verhindern. Dadurch lenken sich Kinder ab und reduzieren ihre Fokussierung auf sich selbst.

Wenn sie ein Hobby finden, das ihnen Freude bereitet, hilft das, sich selbst mehr zu akzeptieren und wertzuschätzen. Weiter kann ein Kraft gebendes Hobby Kindern auch Unterstützung dabei bieten, neue Fähigkeiten zu entwickeln und ihre Kreativität zu fördern.

Eltern und Lehrer haben eine wichtige Aufgabe, wenn es darum geht, Kinder zu unterstützen und ihnen eine erfüllende Beschäftigung zu ermöglichen. Ein Kraft gebendes Hobby ist oft eine großartige Möglichkeit, um diese Unterstützung zu erbringen. Ein solches Hobby kann Kindern dabei helfen, ihren Fokus nicht nur auf sich selbst, sondern auch auf andere Dinge zu richten. Dies ist besonders wichtig, um Narzissmus zu bekämpfen.

Ein Kraft gebendes Hobby kann außerdem die Fähigkeit eines Kindes stärken, sich selber zu motivieren, aber auch die Kompetenz, sich auf die Mitmenschen zu konzentrieren und mit ihnen zu kooperieren.

Es kann so besser mit Frustrationen und anderen negativen Gefühlen umgehen.

Zudem ist es möglich, dass ein Kraft gebendes Hobby Kindern hilft, ihren eigenen Weg zu finden. Eltern und Lehrer unterstützen sie am besten, indem sie ihnen helfen, ein Kraft gebendes Hobby zu finden, das zu ihren Interessen passt. Dies geschieht durch die Bereitstellung von Ressourcen wie Büchern, Kursen und anderen Informationsquellen.

Unterstütze das Kind außerdem beim Erlernen des Hobbys dabei, notwendige Fähigkeiten und Werkzeuge zu erwerben. Indem die Kleinen Freude an den Dingen haben, die sie machen, können narzisstische Tendenzen erfolgreich überwunden werden.

Zufluchtsmöglichkeiten...

Es ist wichtig, Kinder vor dem Aufkommen von Narzissmus zu schützen. Eine der besten Möglichkeiten, dies zu tun, ist die Schaffung einer sicheren Umgebung, in der sie sich geborgen fühlen. Zufluchtsmöglichkeiten sind ein wesentlicher Bestandteil der Prävention von Narzissmus bei Kindern. Sie beinhalten die Entwicklung sicherer Beziehungen zwischen Eltern und Kindern, eine ausreichende emotionale Unterstützung und eine angemessene Kommunikation mit Mitmenschen.

Ein weiterer entscheidender Aspekt ist, dass Kinder lernen, ihre Gefühle zu verstehen und zu akzeptieren, wodurch sie erfahren, wie sie sich in einer sicheren und gesunden Umgebung bewegen können. Eltern sollten sich auch bemühen, ihren Kindern einen Raum zu geben, in dem sie die Möglichkeit haben, sich zu öffnen und ihre Gefühle auszudrücken, ohne Angst haben zu müssen, dass sie verurteilt werden.

Weiter brauchen sie eine Kenntnis davon, wie sie sich abgrenzen und ihre eigenen Bedürfnisse wahrnehmen und respektieren können, um sicherzustellen, dass sie keine narzisstischen Tendenzen entwickeln.

Eltern und Lehrer haben eine wichtige Aufgabe darin, Kindern Zufluchtsmöglichkeiten zu ermöglichen. Sie bieten Kindern also eine sichere Umgebung, in der sie sich wohl und geschätzt fühlen. Zufluchtsmöglichkeiten helfen ihnen, sich selber und ihre Bedürfnisse zu erkennen und zu schätzen, statt nur nach Aufmerksamkeit und Bewunderung zu streben. Dies bekämpft letzten Endes den Narzissmus und fördert ein Gefühl der Wertschätzung und des Respekts.

Es ist wichtig, dass Eltern und Lehrer die Bedürfnisse und Interessen der Kinder respektieren und ihnen helfen, die eigene Person zu entdecken. Sie können das erreichen, indem sie ihnen Zeit und Raum geben, um über ihre Gefühle und Bedürfnisse nachzudenken, und ihnen Anleitung und Unterstützung mit auf den Weg geben. Ein weiterer zentraler Aspekt besteht darin, ihnen beizubringen, wie man sich selbst respektiert und achtet. Dadurch können Kinder lernen, ihre Bedürfnisse zu erkennen und zu erfüllen, ohne sich auf andere zu verlassen.

Ebenso von Bedeutung ist es, dass Eltern und Lehrer ihnen beibringen, wie man mit anderen Menschen umgeht.

Dies kann durch das Erlernen von sozialen Fähigkeiten und der Kompetenz, die Gefühle anderer zu verstehen, geschehen. Eltern und Lehrer bringen Kindern am besten bei, wie man Konflikte löst und das Selbstwertgefühl von anderen Personen respektiert.

Durch die Schaffung einer sicheren Umgebung können Eltern und Lehrer also dabei helfen, Narzissmus zu verhindern. Zufluchtsmöglichkeiten schaffen nämlich die Option, sich selbst zu entdecken und eigene Bedürfnisse zu erfüllen, anstatt nur nach Aufmerksamkeit und Bewunderung Ausschau zu halten.

Wie dieses Kapitel gezeigt hat, können sowohl Eltern als auch Lehrkräfte und die übrige Gesellschaft einiges zur Prävention von Narzissmus beitragen, auch wenn Kinder schon älter sind. Zusammengefasst ist es für die einzelnen Beteiligten möglich, folgende Schritte zu unternehmen:

Eltern...

haben die Option, als Erste einen Unterschied zu machen, indem sie eine liebevolle und verständnisvolle Umgebung zu Hause schaffen, in der sich Kinder sicher und geliebt fühlen.

Sie bringen ihm bei, dass es wichtig ist, andere Menschen zu respektieren und sich an Regeln zu halten. Eltern sollten auch darauf achten, dass sie ihren Schützlingen dabei helfen, ein Gefühl der Selbstwirksamkeit und des Erfolgs zu entwickeln.

Lehrer…

können auch einen wichtigen Beitrag zur Prävention von Narzissmus bei Kindern leisten. Sie sollten sie lehren, wie man mit anderen Personen interagiert und auch in Schulen eine Umgebung schaffen, in der alle Kinder gleichermaßen respektiert und akzeptiert werden. Lehrer stellen bestenfalls sicher, dass Kinder ein Gefühl von Wertschätzung und des Erfolgs in sich tragen, indem sie ihnen helfen, ihre Fähigkeiten und Talente zu entwickeln und zu erkennen.

Die restliche Gesellschaft…

hilft dabei, Narzissmus bei Kindern zu verhindern, indem Wert auf eine Kultur des Respekts, der Toleranz und des Mitgefühls an allen Orten gelegt wird. Gemeinsam müssen wir ein Umfeld schaffen, in dem alle Menschen respektiert und akzeptiert werden.

Dann können wir ein Gefühl der Gemeinschaft und des Zusammenhalts entwickeln. Auf diese Weise ist es möglich, Kindern dabei zu helfen, sich sicher und wohlzufühlen.

Narzissmus bei Kindern ist ein zunehmendes Problem in der heutigen Gesellschaft. Eltern, Lehrkräfte und die Gemeinschaft müssen deshalb zusammenarbeiten, um diesem Problem entgegenzuwirken.

Es gilt, den Kindern die richtigen Werte beizubringen und sie zu lehren, wie man richtig mit anderen Menschen umgeht.

Kinder brauchen ein Verständnis dafür, dass jeder Mensch einzigartig und wertvoll ist und dass es nicht immer nur darum geht, zu gewinnen.

Eine zentrale Herausforderung besteht darin, Erfolg nicht mehr nur nach materiellen Dingen zu bemessen, und sich stattdessen auf Charakter und innere Werte zu konzentrieren. Nur so kann Narzissmus bei Kindern erfolgreich vorgebeugt werden.

Behandlungsmöglichkeiten für Narzissmus bei Kindern

Narzissmus kann unterschiedlich behandelt werden, wenn er sich bereits entwickelt hat. Die medikamentöse Behandlung hat sich in der Praxis als unwirksam erwiesen, daher stelle ich dir nur jene vor, die Erfolge erzielten.

Therapie

Dialektisch-Behaviorale Therapie (DBT)

Die Dialektisch-Behaviorale Therapie (DBT) ist eine Form der verhaltenstherapeutischen Behandlung, die sich auf die Bewältigung von Emotionen und das Erlernen von strategischen Verhaltensweisen konzentriert, um Personen bei der Bewältigung von schwierigen Situationen zu unterstützen. Es handelt sich dabei um ein psychotherapeutisches Behandlungsverfahren, das sich an Menschen richtet, die unter schweren Verhaltensstörungen oder Persönlichkeitsstörungen leiden. DBT hat sich als effektiv erwiesen, um bei der Bewältigung von narzisstischen Problemen zu unterstützen.

Schwierigkeiten wie ein Mangel an Selbstwertgefühl, Rückzug aus Interaktionen und die fehlende Fähigkeit, ein Gleichgewicht zwischen Emotionen und rationalem Handeln zu finden, gehören so der Vergangenheit an. Die Behandlung kann sowohl in einer Einzel- als auch in einer Gruppentherapie erfolgen und konzentriert sich auf die Veränderung von Verhaltensweisen, welche zur Unterstützung von Patienten bei der Bewältigung von narzisstischen Problemen beitragen.

DBT unterstützt Betroffene auch dabei, neue Strategien zu entwickeln, um emotionale Ausbrüche zu verhindern, ein Gefühl der Kontrolle über ihr Leben zu erlangen und den Umgang mit Frustration oder Ablehnung zu lernen. Ferner legt DBT den Fokus ebenso auf die Fähigkeit, die eigene Wahrnehmung zu verändern, um ein besseres Verständnis der eigenen Gefühle und Bedürfnisse zu erlangen.

Die DBT ist eine Form der kognitiven Verhaltenstherapie, die sich auf die Bewältigung von Stress sowie die Regulierung von Emotionen konzentriert. Sie kombiniert konfrontative, verhaltenstherapeutische Techniken mit elementaren Konzepten der buddhistischen Psychologie.

Dieser Ansatz ermöglicht es, die Entwicklung eines gesunden Selbstwertgefühls zu fördern und die Selbstwahrnehmung zu verbessern. DBT-Therapie unterstützt Menschen dabei, konstruktivere Wege zu finden, um mit schwierigen Gefühlen umzugehen, zu lernen, wie man sich selbst akzeptiert und wie man sich auf eine Weise verhält, die ein gesundes Maß an Selbstwertgefühl und Selbstachtung ermöglicht.

Durch die DBT-Therapie werden Patienten dazu ermutigt, ihre eigenen Gefühle und Bedürfnisse wahrzunehmen, zu verstehen und zu akzeptieren. Darüber hinaus erlernen sie Strategien, um destruktive Verhaltensweisen zu ändern und ein gesundes Maß an Selbstwertgefühl zu entwickeln.

Zusammengefasst geht es in dieser Therapieform darum:

> Entwicklung emotionaler und kognitiver Fähigkeiten, die es dem Narzissten ermöglichen, auf eine gesunde Weise mit anderen zu interagieren.

> Ein tiefes Verständnis und eine Wahrnehmung der eigenen Gefühle sowie Bedürfnisse zu entwickeln.

> Eine bessere Kontrolle über das eigene Verhalten zu erlangen.

> Strategien entwickeln, um mit schwierigen Situationen und Stressoren besser umzugehen und sich auf ein gesünderes und ausgeglicheneres Leben vorzubereiten.

- Gefühle zu regulieren und sich selbst zu akzeptieren.

- neue kognitive Fähigkeiten erwerben und auf schwierige Situationen angemessen zu reagieren.

- Konstruktive Kommunikation nutzen und Selbstmotivation.

- Sich sozialen Situationen stellen, in denen es Unsicherheit gibt.

- Reflexion eigener Gedanken, Gefühle und Verhaltensweisen für ein tieferes Verständnis für die eigene Person.

- Richtiger Umgang mit schwierigen Situationen.

- Herausforderungen annehmen und ein positives Selbstwertgefühl entwickeln.

<u>**Als Methoden werden diese eingesetzt:**</u>

Tagebuchkarte im Einzelsetting:

Dabei kommt es zur Eintragung von Spannungszuständen, suizidalen Gedanken, Drogenkonsum, dysfunktionalem Verhalten und Anwendungen von Skills sowie positiver Ereignisse am Tag.

Verhaltensanalysen erfolgen, um den Betroffenen eine Einsicht in den Spannungsaufbau zu ermöglichen. So können sie, was sie gelernt haben, in ihren Handlungsplan integrieren.

<u>**Fähigkeiten-Training im Gruppensetting:**</u>

In der Gruppe stehen schwerpunktmäßig folgende Punkte im Fokus:

- ➢ Innere Achtsamkeit

- ➢ Umgang mit Gefühlen

- ➢ Zwischenmenschliche Fertigkeiten Selbstakzeptanz oder Selbstwert sowie

- ➢ Stresstoleranz

Weitere Möglichkeiten, die bereitstehen, sind die Intervision und Telefongespräche.

Gesprächspsychotherapie

Gesprächspsychotherapie ist eine Form der psychologischen Behandlung, die sich auf die Förderung sozialer und emotionaler Kompetenzen konzentriert, um Probleme zu lösen. Sie beschreibt eine psychologische Intervention, welche sich auf die Erhöhung der Lebensqualität durch die Entwicklung der psychischen Gesundheit konzentriert. Verwendet wird sie, um eine Reihe von psychischen Problemen zu behandeln. Durch die Einführung von Strategien zur Konfliktlösung und zum Umgang mit Stress kann die Gesprächstherapie helfen, das narzisstische Verhalten zu verbessern.

Diese Form der Therapie ist eine wirkungsvolle Behandlungsmethode, die Patienten bei der Veränderung ihres Verhaltens unterstützen kann. Sie ermutigt Narzissten dazu, ihre Fähigkeit zu erhöhen, sich selbst zu reflektieren und anderen zuzuhören. Weiter ist sie dabei behilflich, Betroffene auf den Weg zu führen, mehr empathisch zu sein, indem sie sie dabei unterstützt, sich in andere hineinzuversetzen und ihre Gedanken sowie Gefühle besser zu verstehen.

Indem Narzissten lernen, wie man eine Beziehung aufbaut, können sie auch erfahren, wie sie Kompromisse eingehen und Konflikte erfolgreich lösen.

Gesprächspsychotherapie konzentriert sich als psychologische Behandlungsmethode auf das Gespräch zwischen dem Therapeuten und dem Patienten.

Ihr Ergebnis soll es sein, den Patienten zu animieren, seine Gedanken, Gefühle und Verhaltensweisen zu verstehen und dauerhaft zu ändern.

Der Therapeut hilft, die Ursachen für Narzissmus zu identifizieren, indem er dem Klienten dabei zur Seite steht, die psychologischen und sozialen Faktoren zu verstehen, welche eine Rolle bei seiner Entwicklung gespielt haben.

Er wendet Techniken an, um die Narzissmus-Symptome zu reduzieren. Dazu gehören die Vermittlung von Kommunikationsfähigkeiten, um bessere Beziehungen zu anderen aufzubauen, sowie das Lehren sozialer Fähigkeiten. Letztere erhöht die Kompetenz des Patienten, sich in verschiedenen Situationen anzupassen.

Bei der Gesprächspsychotherapie kommen unterschiedliche Techniken zum Einsatz, um den Patienten dabei zu unterstützen, ein besseres Verständnis für sich selbst und seine Umwelt zu entwickeln.

Zu den häufigsten Techniken, die in der Gesprächspsychotherapie verwendet werden, gehören: die Verhaltensanalyse, die psychoanalytische Therapie, die kognitive Verhaltenstherapie und die lösungsorientierte Therapie.

Die Verhaltensanalyse...

ist eine Technik, welche sich auf das Verhalten des Patienten konzentriert, und das Ziel hat, negative Verhaltensmuster zu identifizieren und sie durch Positive zu ersetzen. Dazu unterstützt der Therapeut den Patienten bei der Erforschung seiner Verhaltensmuster und der Entwicklung neuer Strategien zur Bewältigung von Problemen.

Die psychoanalytische Therapie...

beschreibt eine Technik, welche sich auf das Unterbewusstsein des Patienten konzentriert und das Ziel verfolgt, die Ursache für bestimmte Probleme oder Verhaltensweisen zu identifizieren. Der Therapeut unterstützt den Patienten bei der Erforschung seiner Gedanken und Gefühle, um ihm bei der Entwicklung eines besseren Verständnisses für sich selbst zu helfen.

Die lösungsorientierte Therapie...

beschreibt eine Technik, welche sich auf die Zukunft des Patienten konzentriert, und das Ziel hat, positive Veränderungen in dessen Leben zu erreichen. Der Therapeut unterstützt den Patienten bei der Erforschung seiner Ziele und der Entwicklung neuer Strategien.

Im Fokus der Therapie steht das Gespräch als Mittel der Behandlung.

Als wichtige Aufgaben der Therapeuten werden die Ermutigung zur Selbstreflexion, die Vermittlung von Fähigkeiten zur Kommunikation und Konfliktlösung, die Erstellung eines Behandlungsplans, die Entwicklung von Zielen und Strategien, die Unterstützung bei der Bewältigung von Stress, die Hilfe bei der Entwicklung eines positiven Selbstwertgefühls und die Unterstützung beim Erreichen eines gesünderen Lebensstils angesehen.

Durch sie kann ein Beitrag dazu geleistet werden, dass Patienten ihre Probleme erfolgreich verstehen, lösen und bewältigen können.

Insgesamt kann Gesprächspsychotherapie sehr effektiv sein, um Narzissmus zu behandeln und zu reduzieren. Es ist wichtig, dass sich der Patient wohlfühlt, während er Behandlungen erhält, und dass diese auf seine individuellen Bedürfnisse und Ziele abgestimmt ist.

Kognitive Verhaltenstherapie...

Kognitive Therapie ist eine Form der psychotherapeutischen Behandlung, die sich auf die Erforschung und Veränderung von Gedanken, Einstellungen und Verhaltensweisen konzentriert, welche zu psychischen und emotionalen Problemen beitragen. Es handelt sich um eine wirksame Behandlung für eine Vielzahl von psychischen Erkrankungen, einschließlich Narzissmus. Sie hilft Menschen, ihre Gedanken und Gefühle zu verstehen und zu verändern, um zu einem gesünderen Umgang mit sich selbst und anderen zu gelangen.

Eine kognitive Therapie für Narzissmus bietet Unterstützung darin, das eigene Selbstwertgefühl und ihre Beziehungen zu verbessern, sowie eine realistischere Sichtweise auf die eigene Person und ihr Leben zu entwickeln. Ziel ist es, Selbstakzeptanz zu entwickeln und zu lernen, wie man mit negativen Gedanken und Emotionen umgehen kann, die durch Selbstzweifel und Minderwertigkeitsgefühle verursacht werden.

Dic kognitive Therapie kann Menschen helfen, sich von veralteten Ideen und Einstellungen zu befreien, die sie daran hindern, ein erfülltes und produktives Leben zu führen.

Weiter dient sie dazu, die Denk- und Verhaltensmuster zu erkennen, welche zu narzisstischen Verhaltensweisen beitragen, und neue Wege zu finden, um mit ihnen umzugehen. Eine kognitive Therapie kann unterstützend wirken, wenn es darum geht, zu lernen, wie man die eigenen Bedürfnisse als wichtig und wertvoll anerkennt, sodass man sich nicht mehr abhängig von seinen Mitmenschen fühlt.

Insgesamt wird die kognitive Therapie als eine effektive Behandlung für Menschen mit Narzissmus angesehen. Sie ist hilfreich, wenn es darum geht, eine gesündere Sichtweise auf sich selbst und die Welt zu entwickeln, mit dem Ziel, ein erfülltes und glückliches Leben zu führen. Es gibt verschiedene Techniken, die bei der kognitiven Therapie angewendet werden.

Beispiele dafür sind:

> ➤ das Erläutern von Erfahrungen

> ➤ das Erkennen und Ändern von irrationalen Gedanken und

> ➤ das Erlernen von Bewältigungsstrategien.

Indem von Narzissmus Betroffene diese Techniken anwenden, können sie ein gesundes Verhältnis zu sich selbst und zu anderen erreichen, und dabei, das Risiko der Entstehung eines narzisstischen Verhaltens senken.

Im Fokus der Therapie stehen das Hier und Jetzt. So werden aktuelle Schwierigkeiten im Leben erkannt und angegangen.

Gemeinsam mit dem Therapeuten werden nicht gesunde Denkweisen identifiziert und anschließend geändert.

Kreisen die Gedanken einer Person ständig beispielsweise in diese Richtung: „Meine Mitmenschen hassen mich", bietet der Therapeut Unterstützung im Erforschen der Gedanken und man versucht gemeinsam, das Ganze in einen realistischeren und positiveren Gedanken zu verändern.

Modifikationen der Mentalisierungsbasierten Therapie (MBT) sind ein Ansatz, der sich speziell auf die Behandlung von narzisstischen Persönlichkeiten konzentriert.

Es handelt sich um eine Psychotherapieform, die ihren Fokus auf das Verständnis der Gedanken, Gefühle und Motive des Patienten legt.

Sie beinhaltet mehrere Komponenten, darunter die Erkennung und Behandlung von narzisstischen Mustern, die Förderung des Selbstwertgefühls, Entwicklung eines positiven Selbstbildes und Schaffung eines sicheren therapeutischen Rahmens. MBT hilft den Patienten dabei, ihre narzisstischen Ansichten und Verhaltensweisen zu verstehen und zu verändern, indem sie sie ermutigt, mit anderen zu kommunizieren und sich auf eine bessere Art und Weise zu verhalten.

MBT unterstützt Patienten auch dabei, sich selbst zu akzeptieren, sich wertvoll zu fühlen und eine gesunde Beziehung zu sich selber aufzubauen. Sie kann vorhandene Symptome lindern und unterstützen, das Leben in eine positive Richtung zu lenken. Bei der Therapievariante steht die Fähigkeit des Patienten, seine eigenen Gedanken, Gefühle und Handlungen zu verstehen und zu reflektieren, im Vordergrund. Sie basiert auf der Annahme, dass Menschen in ihren Interaktionen mit anderen Personen mehr oder weniger bewusst eine Vielzahl von Taktiken anwenden, um ihre eigenen Bedürfnisse zu befriedigen.

Daher betont die MBT die Bedeutung der Etablierung eines Beziehungsraums zwischen dem Therapeuten und dem Patienten, in dem sie sich gegenseitig besser verstehen und erkennen können.

Es wird versucht, die Ursachen für narzisstische Störungen zu erkennen und zu behandeln. Zum Einsatz kommt eine Reihe von Techniken, etwa die Ermutigung des Patienten, sich selbst zu reflektieren und die Interaktionen mit anderen Menschen auf eine Weise zu analysieren, die ihm hilft, sein Verhalten zu ändern. Überdies kann MBT dazu dienen, ein gesundes Selbstwertgefühl zu entwickeln, indem sie dabei unterstützt, die Stärken und Schwächen wahrzunehmen und zu akzeptieren. Narzisstische Tendenzen werden dadurch rasch reduziert oder beseitigt.

Heilung durch Liebe?

Einige Leute denken, dass Narzissmus durch Liebe geheilt werden kann. Andere glauben, dass dies durch Unterstützung und Fürsorge möglich ist. Bevor du daran denkst, etwas zu tun, das für dich schädlich sein könnte, musst du das gut durchdenken und im Zweifel besser bleiben lassen. Betroffene haben stets eine sehr hohe Meinung von sich selbst, aber eine negative von ihren Mitmenschen. Du bist auf Bewunderer angewiesen.

Dir gegenüber Bewunderung zeigen, werden sie jedoch nicht. Hierbei handelt es sich um Liebe in eine Einbahnstraße, nach dem Motto: Wer Liebe sät, wird Hass ernten.

Sobald sie ihre Bewunderung erhalten, starten sie damit, dir Verachtung entgegenzubringen. In der Regel geht es um Personen, die sich schnell von ihren Mitmenschen beeinflussen lassen. Deshalb können sie gut manipuliert werden. Sobald du an ihrer Seite stehst, fangen sie an, dich zu verachten. Tiefe Gefühle kennen die Betroffenen nicht. Wut ist die einzige verborgene Emotion, die Betroffene oft empfinden. Diese ist dann meist besonders intensiv und unkontrollierbar.

Bei fehlender Therapie direkte Konfrontation mit anderen Narzissten

Wenn du als Betroffener lieber eine nicht so sensible Therapieform, wie die oben beschriebenen, bevorzugst, wirst du vom Leben selber therapiert, indem du auf Mitmenschen stößt, die ebenfalls narzisstisch veranlagt sind. Auf diese Weise lernst du auf eine harte Art und Weise mehr über deine Eigenschaften und dein eigenes Verhalten, indem du selbiges an deinen Mitmenschen dir gegenüber wiedererkennst. Du wirst rasch erkennen, dass so ein Verhalten für niemanden angenehm ist und deine Sichtweise auf das Leben und die Dinge von selber freiwillig änderst.

Vermehrte Beschäftigung mit dem Thema dunkle Triade

Heißenberger und Haider (2020) beschrieben in einem Artikel, dass innerhalb der Psychologie Paulhus im Jahr 2002 das Wort dunkle Triade einführte.

Dabei handelt es sich um mehrere Persönlichkeitseigenschaften, nämlich Machiavellismus (Egoismus und Streben nach Macht), Narzissmus sowie Psychopathie (Gefühlskälte, sprunghafte Impulsivität) in milder oder schwerer Form. Die Auswirkungen solcher Eigenschaften können einerseits positiv, andererseits aber auch negativ sein.

Die Autoren sahen es daher als wichtig an, im Schulmanagement darauf zu reagieren und Schulleiter auf das Thema hin zu sensibilisieren. Sie führten daher eine Studie durch.

Mit ihr machten sie sichtbar, wie es durch die Auseinandersetzung mit dem Thema dunkle Triade in der Selbstreflexion, Ermutigung und Irritation sowie genaue Schritte aufseiten von Studenten und Studentinnen zu einer Bestätigung oder Verschiebung der subjektiven Wahrnehmung kam.

Durch reflektierende Gruppengespräche war es möglich, aufzuzeigen, dass die Thematik dunkle Triade eine große Rolle für die persönliche Entwicklung von Studenten und Studentinnen spielt.

Die Auseinandersetzung mit der dunklen Triade gehörte für die Studierenden zu den aufschlussreichen Erfahrungen im Leben.

Die Studie gelangte zum Ergebnis, dass die persönliche Weiterentwicklung im Lehrplan einen zentralen Stellenwert einzunehmen hat bzw. auch bereits einnimmt.

Studierende sollten weiterhin im Prozess der Entwicklung unterstützt und begleitet werden. Dadurch können sich positive Auswirkungen auf das spätere Führungsverhalten dieser Personen ergeben.

Daraus kann geschlussfolgert werden, dass es sich lohnt, diesen Ansatz auf ältere Kinder zu übertragen und auch diese in ihrer persönlichen Entwicklung zunehmend zu unterstützen und die dunkle Triade zum Thema zu machen.

Tipps und Tricks für das Umfeld

Narzissten und Tyrannen glauben, Mitmenschen zu helfen, indem sie sie kritisieren. In Wahrheit sind sie aber die einzigen Personen, die nach der Kritik ein besseres Gefühl haben, während das Umfeld gedemütigt, wütend und mit Schuldgefühlen behaftet ist. Allerdings gibt es glücklicherweise viele Optionen, mit denen ein herrischer, selbstverliebter Mensch, im näheren Umfeld, wie in der Familie, gut in die Schranken gewiesen werden kann. So ist es möglich, dem Psychoterror gut zu entkommen. Um die Narzissten-Falle hinter sich zu lassen, musst du fünf Schritte unternehmen.

Schritt 1: Mit Schlagfertigkeit und Ehrlichkeit gegen den Narzissten:

Weißt du, welche Kommentare vom Lieblingsfeind immer wieder getriggert werden, dann solltest du dir schon vorab Antworten überlegen, die das Selbstbewusstsein stärken. Kommt etwa jemand aus der Familie immer wieder auf den Erziehungsstil zu sprechen, sind diese Antworten hilfreich:

- ➢ Ich erziehe meine Kinder, wie ich es möchte

- ➢ Ich bleibe bei meiner Meinung und ziehe sie weiterhin auf die gleiche Weise

- ➢ Wenn dir das nicht gefällt, bedauere ich das

Sprich besser von dir als von deinen Mitmenschen. Daher sind Ich- statt Du-Sätze in Gesprächen einzusetzen. Der Fokus liegt bei der eigenen Person. Biete keine Diskussionsfläche an und ziehe keine Person herunter. Übe die Sätze, welche in spezifischen Situationen ausgesprochen werden sollen, mehrere Male. Es braucht authentische Aussagen.

Sie müssen automatisch aus dir herausfließen. Bist du innerlich aufgewühlt, kannst du bisherigen Alltagsreaktionen nicht so leicht entkommen.

Reagiere immer gleich. Dann erkennt dein Gegenüber dies rasch und stichelt noch lieber. Überrasche die Person mit einer ganz neuen, gelassenen, Antwort auf einen Rat, der gut gemeint sein soll. Es wird eventuell nicht sofort klappen, aber durch mehrere Versuche schaffst du es immer besser.

Ehrlichkeit ist die beste Freundin. Kindern, die mit einer narzisstischen Persönlichkeitsstörung konfrontiert sind, solltest du ehrlich mitteilen, dass es nicht perfekt ist. Erkläre deinem Kind, was seine Schwächen und Stärken sind und wie sich diese in der Realität auswirken können. So denkt es darüber nach und ändert sein Verhalten, weil der Ratschlag von dir kommt.

Gleichzeitig ist es bedeutend, dass Kinder lernen, dass sie mehr sind als ihre Schwächen. Sie brauchen aber Ehrlichkeit sich selbst gegenüber. Daher müssen sie sich darauf konzentrieren, worin sie gut sind, statt auf die Bereiche, in denen sie schlecht sind.

Eine Akzeptanz eigener Schwächen und Fehler ist hilfreich, wenn es darum geht, stärker zu werden. Richtig mit Problemen anderer Personen umzugehen, ist ebenfalls von Bedeutung.

Schritt 2: Sich Freunde suchen, Ängste lieben lernen und sie hinter sich lassen:

Wenn es Probleme gibt, ist es wichtig, dass man Freunde hat. Suche dir Verbündete und schaue, dass dein Kind welche hat. Jeder Mensch braucht jemanden, dem er sich anvertrauen kann und der einem zur Seite steht, wenn es einmal hart auf hart kommt. Dabei gilt es jedoch vorsichtig zu sein. Denn es kann passieren, dass der Freundeskreis das eigene Elternhaus spiegelt.

Gehe aus der aktuellen Situation heraus. Wenn du dich gänzlich unwohl fühlst und deine Emotionen Achterbahn fahren, entferne dich aus deiner Lage. Keiner zwingt dich dazu, zusammen mit einem Tyrannen an einem Ort zu bleiben. Du hast selbstverständlich das Recht, dich der Situation zu entziehen. Suche dir einen Platz, an dem du deine Gefühle hinter dir lassen und dich neu ausrichten kannst. Zu Beginn erscheint es dir vielleicht als feige oder du fühlst dich unterlegen, wenn du gehst. In der Tat kommt es aber darauf an, nicht bei einem sich anbahnenden Drama mitzumachen, sondern die Szene zu verlassen.

Vergiss nicht, dass du lediglich für deine eigenen Gefühle verantwortlich bist, nicht jedoch für jene deiner Mitmenschen. Wenn sich Letztere darüber beschweren, dass du dich wegstiehlst, solltest du das machen. Narzissten und Tyrannen möchten zwingend die Kontrolle über andere Personen behalten. Das gelingt nicht, wenn du dich davonstiehlst. Daher werden die Mitmenschen am Anfang sicherlich über dich lachen oder dich verachten. Mache es dennoch. Je häufiger es dir gelingt, dem Drama die Energie zu nehmen, indem du fortgehst, umso weniger Freude hat der Tyrann daran, das Spiel neu zu starten.

<u>**Schritt 3: Trete der narzisstischen Person ohne Feindseligkeit gegenüber und sorge für Selbstliebe beim Kind:**</u>

Bei diesem Schritt handelt es sich um einen Plan, der meist die heftigste Kritik entschärfen kann. Richte dich groß auf, schaue deinem Gegenüber in die Augen, mache eine kurze Pause und frage dann: „Wie bitte?" „Erkläre mir das noch einmal, ich verstand es nicht."

Wird die Aussage wiederholt, stelle dieselbe Frage, leicht abgewandelt, erneut, und bei nochmaliger Wiederholung ein weiteres Mal. Das wird dem Gegenüber irgendwann zu lästig und unangenehm, weil er seine Gehässigkeit deutlich wiederholt. Mit der Aussage versteht das Gegenüber, dass du weißt, dass er dich mit der Kritik gerade verletzen oder erniedrigen möchte.

Obwohl du ihn herausforderst, ist die kurze Fragestellung alles, nur nicht unfreundlich. Es wird kein Öl in das Feuer gegossen und du zeigst keine wütende Reaktion.

Die Frage wirkt am besten, wenn du selbstbewusst, stark und mit einem direkten Augenkontakt konterst.

Zu deiner Überraschung kann es passieren, dass sich dein Gegenüber rasch zurückzieht oder beschwichtigt. Übe das selbstbewusste Auftreten und das Aushalten des Augenkontaktes im Idealfall schon vorher.

Schließlich fällt es vielen Menschen schwer, in Situationen, bei denen sie aufgewühlt sind, einen intensiven Blickkontakt zu halten.

Strenge ist nicht immer ein gutes Mittel. Man sollte sich keine Selbstvorwürfe machen, indem man sich selber zuspricht:

> Warum merkte ich früher nichts davon?

> Es gilt, sich jetzt zusammenzureißen und den Blick nach vorne zu richten, statt zurückzuschauen.

> Warum jammere ich eigentlich, wenn es anderen Menschen noch viel schlechter geht?

> Wahrscheinlich bin ich viel zu empfindlich. Etc.

Statt zu streng zu sich selbst zu sein, solltest du dir vor Augen führen, dass Gedanken dieser Art nicht gut für dich sind. Vielmehr führst du sie in eine negative Denkschleife, aus der du schwer wieder herauskommst. Sei stattdessen besser lieb zu dir selber und sorge dafür, dass es dein Kind ihm gegenüber ist. Jeder sollte sich selber Gutes tun und schöne Dinge mit seinen Liebsten unternehmen. Wenn sich das Kind einmal etwas vornimmt und es ist nicht umsetzbar, stellt das keinen Weltuntergang dar.

Schritt 4: Sorge dafür, dass das Kind Schmerz zulässt und setze Grenzen:

Wenn jemand die Wahrheit über sein vergangenes Leben erkennt, ist das schmerzhaft. Es kann passieren, dass eine Person im Jugendalter das Wissen erlangt, dass seine Kindheit nicht so schön gewesen ist, wie sie das immer gedacht hat. Dann fängt sie möglicherweise an, alles zu durchdenken, was gesagt und gemacht wurde. Eventuell fällt ihr auf, dass etwas fehlte. Diesen Schmerz muss der oder die Jugendliche unbedingt zulassen. Manchmal braucht es Traurigkeit. Jeder Mensch hat nur eine Kindheit. Ein zweites Mal erleben kann er sie nicht und nachholen ist ebenfalls keine zur Verfügung stehende Option. Das kann schnell Traurigkeit auslösen und braucht Zeit. Dann ist es wichtig, sich diese auch zu nehmen, denn vom Zeitpunkt, dass es erkannt wird, bis zur Heilung, kann einige Zeit vergehen.

Plötzlich werden Ereignisse, an die man jahrelang geglaubt hat, angezweifelt und man beginnt, sich neu zu orientieren.

Setze die erste Grenze bereits, indem du sofort ankündigst, lediglich eine gewisse Zeit hindurch an einem Ort bleiben zu können. Wenn du bis jetzt immer die Person warst, die dein Kind mit dem Auto von der Schule abgeholt hat, dann sage ihm, es soll ab sofort zu Fuß nachhause gehen.

So nimmst du einem Tyrannen die Macht, indem du aufhörst, sich für ihn einzusetzen und alles für ihn zu machen.

Der Narzisst äußert sich dann wahrscheinlich folgendermaßen:

„Das kann doch jetzt nicht dein Ernst sein!"

Dies tut er deshalb, weil er derjenige sein möchte, der bestimmt, was du machen sollst. Wichtig ist es, dass du nicht nachgibst und zu deiner Entscheidung stehst. Mit der Zeit gewöhnen sich Narzissten daran, dass du auch etwas zu sagen hast. Was du willst, ist nämlich ebenso wichtig, wie was deine Mitmenschen möchten. Einige Personen müssen sich das erst mühevoll eingestehen.

<u>Schritt 5: sich selber langweilig machen, innere Bilder ändern und Erfolge einhamstern:</u>

Sich selbst für Narzissten langweilig zu machen, bezeichnet man als Grey Rock Methode. Das bedeutet, dass eine Person für ihn wie ein grauer Stein erscheint. Auf diese Weise verblasst sein Interesse an der bestimmten Person und es wird kein Zündstoff geliefert.

Deine Mitmenschen spiegeln dich. Das heißt, du erkennst dich selbst in der anderen Person. Wenn du gehst, lasse alles hinter dir. Hast du dich aus der Angelegenheit zurückgezogen und wurde das Familientreffen bzw. der Betriebsausflug beendet, dann wird auch das Gedankenkarussell abgebrochen.

Statt sich noch mehrere Tage hindurch auszumalen, wer was hätte aussprechen bzw. machen können, sorge besser für Entspannung. Halte Vergangenes nicht durch dein Denken am Leben. Überlege dir eher für die nächste, nicht schöne, Situation, welche sich der Tyrann gewiss ausdenkt, eine geeignete Reaktion. Übe dein selbstbestimmtes Auftreten. Personen, die von ihren Mitmenschen regelmäßig Kritik erfahren, haben die Tendenz, sich selber gegenüber äußerst selbstkritisch zu sein. Denke aber daran: Du bist in Wahrheit viel besser in dem, was du machst, als Tyrannen es dir einreden wollen. Nachfolgend stelle ich dir weitere wertvolle Tipps vor, sodass du dich als Mitmensch eines Narzissten erfolgreich selber schützen kannst.

Schritt 6: Selbstfürsorge beim Kind und Training von Selbstakzeptanz und Achtung vor „Love Bombing":

Einer der häufigsten Gründe, warum Eltern Angst vor ihrem narzisstischen Kind haben, ist, dass sie denken, es muss perfekt sein. Sie glauben, wenn ihr Kind anders ist, dann muss etwas mit ihm nicht stimmen. Aber das ist nicht wahr! Es ist in Ordnung, Fehler zu machen, und unvollkommen zu sein, denn das macht uns menschlich.

Eine Methode, die sich in der Praxis als hilfreich erwiesen hat, ist es, dem Kind ein Kinderfoto in die Hände zu geben, ihm zu sagen, es soll seine Augen schließen und das innere Kind imaginieren. Der Schützling muss lernen, seinem inneren Kind mitzuteilen, dass es keine Fehler begangen hat und nicht schuldig daran ist, dass seine Eltern Narzissten sind, statt ihm bedingungslose Liebe entgegenzubringen.

Das Kind muss sich selber davon überzeugen, dass die negativen Glaubenssätze nicht die Wahrheit sind und den Glauben zugesprochen bekommen, dass es genug ist, so wie es ist und Fehler machen sowie enttäuschen darf.

Wären wir in einer perfekten Welt ohne jeden Makel geboren worden, dann würden wir uns alle gegenseitig anschauen und sagen: „Wow, er/sie sieht so perfekt aus!" Aber wir wissen, dass das nicht stimmt, denn es gibt Menschen, die mit Geburtsfehlern oder Krankheiten wie Krebs, Autismus oder eben Narzissmus geboren werden oder es im Laufe des Lebens entwickeln. Was bedeutet das also für uns? Nun, wir müssen unsere Unterschiede akzeptieren, solange sie sich nicht in irgendeiner Form negativ auf uns auswirken.

Narzissten wirken oft vor allem in der Phase des Kennenlernens besonders charmant, sodass zahlreiche Personen schon schnell, nachdem sie Bekanntschaft mit der Person gemacht haben, glauben, sie hätten ihren Traummann oder ihre Traumfrau gefunden. Sie zeigen sich nämlich von ihrer aufmerksamen Seite und beteuern rund um die Uhr ihre Liebe. „Love Bombing" gilt allerdings als Manipulationstechnik von Narzissten.

Es ist der Versuch, mit Aufmerksamkeit und Zuneigung andere Menschen zu beeinflussen. Höre auf dein Bauchgefühl.

Es wird dir mitteilen, ob Komplimente mit einer Ernsthaftigkeit gemacht werden oder ob sich in Wahrheit bestimmte Absichten hinter einem Vorhaben verbergen. Deine Intuition ist in diesem Fall deine stärkste Waffe.

Werde hellhörig, wenn es immer eine Note zu viel wird. Sofern eine Person alle deine Hobbys teilt und jede Musik mag, die du ebenso gerne hast, sollten bei dir die Alarmglocken klingeln.

Das wirkt übertrieben und aufgesetzt. Es kann zu Beginn einer Beziehung durchaus romantisch sein, wird jedoch schon bald anstrengend.

Ein Narzisst bucht die Aufmerksamkeit, welche ihm zukommt, auf ein Extrakonto. Selbstverständlich möchte die Person zumindest gleich viel zurückerhalten.

Zum passenden Zeitpunkt fordert der Narzisst diese Aufmerksamkeit ein. Wenn du nicht dazu bereit bist, ihm die geforderte Zuwendung entgegenzubringen, kann es passieren, dass er schmollt, beleidigend wird oder bei dir für Schuldgefühle sorgt. Narzissten lechzen nach viel Aufmerksamkeit. Nichts kann für sie genug sein. Sorge deshalb unbedingt dafür, dass du nicht geblendet wirst.

Es ist natürlich, dass man sich vor allem zu Beginn einer Beziehung mehr Aufmerksamkeit entgegenbringt. Habe Vertrauen in dein Gefühl, welches dir vermittelt, dass etwas an einer Situation „seltsam" ist, wenn es sich bemerkbar macht.

Schritt 7: Feuerwerk und Vulkanausbrüche:

Wenn du in einer Beziehung mit einem Narzissten bist, erlebst du am Anfang ein großes Feuerwerk.

Es wird für dich fast nicht zu glauben sein, dass es so etwas Tolles überhaupt gibt. Doch wo Narzissten sind, da gibt es auch eine negative Seite: ständige Vulkanausbrüche. Solche Personen hinterlassen lediglich verbrannte Erde. Für Narzissten ist es typisch, dass sie die Fehler immer nur bei ihren Mitmenschen erkennen. Die Bereitschaft für das eigene Fühlen, Denken und Handeln selber die Verantwortung zu übernehmen, fällt ihnen schwer. Eine Entschuldigung wirst du von ihnen ebenfalls niemals hören.

Ein Narzisst sieht sich nicht als Täter, sondern als Opfer an. Schuld sind also immer die anderen. Wenn du Warnsignale erkennst, nimm diese ernst. Das sollte möglichst früh passieren.

Bekommst du den Satz zu hören: „Ich wurde immer nur ausgenutzt, aber mit dir ist jetzt alles anders", ist das ein ernst zu nehmendes Warnsignal. Narzissten können mit sich selber fast nichts anfangen. Sie sind auf die Bewunderung ihrer Mitmenschen angewiesen.

Sorge deshalb dafür, dass in die Beziehung etwas Luft kommt. Stelle dir die Frage, ob du weiter so behandelt werden möchtest. Willst du tatsächlich ein Trostpflaster und am nächsten Tag schon vergessen sein? Wenn nicht, kannst nur du es ändern!

Verbringe keine Zeit mehr mit Narzissten und wechsle das Umfeld so schnell wie möglich.

Schritt 8: Achtung vor Abwertung und Beirrung:

Indem Narzissten andere Menschen abwerten, werten sie sich selber auf. Hinter dem Narzissmus steht meist ein hohes Maß an Kränkung. Narzissten erfuhren früher in ihrem Leben häufig Verletzungen und Zurückweisungen. Das ist mit großem Schmerz verbunden. Damit er umgangen werden kann, wird das Selbst aufgewertet, indem es zur Abwertung des Umkreises kommt. Durch Manipulationstechniken wie Gaslighting, Liebesentzug und Ignoranz erheben sich Narzissten über dich. Das gibt ihnen das Gefühl, in emotionaler Unabhängigkeit zu leben, damit sie nie wieder verletzt werden können. Sie vergessen jedoch, dass sie mit ihrem Verhalten ihr Umfeld kränken.

Das bedeutet, sie selber schützen sich vor Verletzungen und sorgen gleichzeitig für Verletzungen bei ihren Mitmenschen, obwohl sie den Schmerz des Verletzt-Werdens kennen.

Achte auf dich selber und dein Wohlbefinden. Stellst du fest, dass emotionale Sticheleien bei dir Schmerzen verursachen, oder dass ein Narzisst dich erniedrigt bzw. Angst vor der Auseinandersetzung mit dir hat, solltest du dich selber in Sicherheit bringen.

Schütze dich und löse dich aus der dich krank machenden Beziehung.

Vielleicht stößt du oder dein Kind im Laufe des Lebens auf Menschen, die das Verhalten der Eltern relativieren möchten. Sie sagen dann: „Ah, das war doch sicher nicht so schlimm, sprich doch noch einmal mit ihnen." Hier braucht es dringend Grenzen. Echte Freunde akzeptieren diese Entscheidung und unterstützen sie.

<u>**Schritt 9 – Glaube an das Happy End**</u>

Unter Happy End ist der positive, meistens ebenfalls glückliche, Abschluss einer Abfolge von Ereignissen zu verstehen. Du hast es dann erreicht, wenn du dich in einem Zustand befindest, in dem du vollkommen zufrieden bist. Die Grundvoraussetzung, um ihn zu erzielen, ist, davon überzeugt zu sein, dass du dorthin gelangen kannst.

Versuche daher, an das Glück und Happy End zu glauben bzw. lehre das deine Kinder. Alles zu hinterfragen und an jeder Sache zu zweifeln, ist nicht gut für einen. Manche stellen sich jeden Tag die Frage: „Werde ich jemals glücklich sein?" Das ist oft einfacher, als positiv zu denken. Dennoch solltest du das nicht machen, auch wenn du dich gerade in einer schwierigen Situation befindest. Du kommst besser voran, wenn du den anderen Weg wählst und dir das Happy End zum Ziel setzt.

Letzter Schritt: Akzeptanz, dass jeder seinen Weg im Leben gehen muss und Experten hinzuziehen

Im Laufe des Lebens ist es wichtig, zu erkennen, dass jeder Mensch seinen persönlichen Weg zu gehen hat. Meistens stehen mehrere mögliche zur Auswahl. Den einen richtigen Weg gibt es daher für viele nicht. Jede Person muss wählen, wohin er geht, wie die eigene Geschichte aufgearbeitet wird und wie sie den Umgang mit den Mitmenschen gestaltet. Möglichkeiten werden also individuell ausgelotet. Ob es einen Kontakt gibt, keiner existiert oder dieser eingeschränkt wird, ist jedem selber überlassen.

Nicht immer gelingt es, alle Entscheidungen selber zu treffen. Manchmal braucht man die Unterstützung von außen. Dann empfiehlt es sich, einen Experten hinzuziehen, um die ganzen Erlebnisse der Vergangenheit aufzuarbeiten und nach Lösungen für den weiteren Weg zu suchen.

Das Finden eines Spezialisten kann manchmal eine Zeit lang dauern. Aber auch wenn man da Zeit hineininvestieren muss, lohnt es sich, denn es ist für die eigene Zukunft oder die deiner Freunde oder Familie.

Wenn dir mehrere Wege zur Auswahl stehen, solltest du stets jenen auswählen, mit dem du dich langfristig gesehen am glücklichsten fühlst. Das muss nicht zwangsläufig der egoistische Weg sein, denn auch wenn du eine Straße nimmst, die zum Leid deiner Mitmenschen führt und dir zunächst einen Vorteil verschafft, kann es am Ende zu Frustration bei dir selbst führen, die dauerhaft bestehen bleibt.

Das solltest du stets bedenken, wenn du Entscheidungen triffst.

Schlusswort

In diesem Buch hast du erfahren, was Narzissmus von Erwachsenen mit Kindern macht und wie sie selber zu Narzissten werden. Du weißt jetzt, dass sich die narzisstische Persönlichkeitsstörung überwiegend durch ein Merkmal auszeichnet, nämlich durch einen Mangel an einer Fähigkeit zur Empathie.

Hätten Narzissten Empathie, würden sie ihre Mitmenschen nicht verletzen, da sie selber wissen, wie sich das anfühlt. Sie verfügen über ein starkes Verlangen danach, anerkannt zu werden. Ausbeutung anderer, nämlich einfühlsamer, Menschen, damit die eigenen Ziele verfolgt werden, ist typisch für narzisstische Kinder. Zwischenmenschliches Einfühlungsvermögen ist fast nicht vorhanden und es wird kaum emotional Wärme an das Umfeld zurückgegeben.

Die Kleinen werden stark durch die Umwelt, speziell von ihren Eltern, beeinflusst. Erfahrungen, die gemacht werden, wenn Menschen noch jung sind, haben Auswirkungen auf das Wesen und Verhalten im Erwachsenenalter.

Es gibt typische Eigenschaften und Verhaltensweisen, die auf einen narzisstischen Charakter hinweisen. Ein geringes Selbstbewusstsein, Selbstisolation, Angst vor dem Verlassenwerden, unsicheres Verhalten und eine Neigung zu depressiven Gedanken gehören dazu.

Dass es schwerfällt, die Meinung zu sagen, Sensibilität und eine mangelnde Fähigkeit, Grenzen zu setzen, sind ebenfalls im Begriff inkludiert.

Ausschlaggebend für die Entstehung von Narzissmus sind neben dem Erziehungsstil die Genetik sowie negative Kindheits- und Lernerfahrungen.

Um Narzissmus bei Kindern vorzubeugen, sind eine hohe Stresstoleranz, eine sichere soziale Bindung und Unterstützung, viel Resilienz oder lerngeschichtliche Aspekte wesentlich. Als wirkungsvollste Behandlungsansätze haben sich die Therapie und die Konfrontation mit anderen Narzissten erwiesen. Erst wenn Narzissten bewusst wird, wie es sich anfühlt, auf eine Weise behandelt zu werden, wie sie andere behandeln, lernen sie schnell aus ihren Fehlern. Heilung durch Liebe funktioniert ebenfalls. Diese Methode sollten allerdings nur Experten und Expertinnen ausführen.

Wie du gesehen hast, kommt Narzissmus, wenn er bei Kindern entsteht, zunehmend in wichtigen Gesellschaftsbereichen zum Vorschein. So zum Beispiel zeigt er sich im Schulwesen und in der Wirtschaft, weil Narzissten gerne als Lehrkräfte oder Unternehmensleiter tätig sind. Es braucht daher frühzeitig Maßnahmen, damit diese Entwicklungen nicht weiter voranschreiten. Aufklärung, Information und Therapien sind geeignete Möglichkeiten, um dem Problem effektiv zu begegnen.

<u>Impressum</u>

Aivlis Alley wird vertreten durch:

Lucid Page Media

(ein Imprint der Orbita Media GmbH)

Ericusspitze 4

20457 Hamburg

E-Mail: kontakt@lucidpagemedia.de

1.Auflage, 2024

ISBN: 978-3-98935-545-3

Covergestaltung: fiver.com

Literaturverzeichnis

Allroggen, M., & Ludolph, A. (2011). Entwicklungspsychopathologie narzisstischer Störungen. *PPmP-Psychotherapie· Psychosomatik· Medizinische Psychologie, 61*(11), S. 453-458.

Braun, S. (2017). Leader narcissism and outcomes in organizations: a review at multiple levels of analysis and implications for future research. *Frontiers in psychology, 8,* 773.

Csef, H. (2016). Narzissmus und Derailment–wenn Führungskräfte entgleisen. *Organisationsberatung, Supervision, Coaching, 23*(2), S. 163-171.

Dammann, G. (2009). Narzissmus und Führung. In *Leadership in sozialen Organisationen* (S. 61-89). Wiesbaden: VS Verlag für Sozialwissenschaften.

Furtner, M. (2017). Dark Leadership. In *Dark Leadership* (pp. 13-26). Wiesbaden: Springer Gabler.

Heißenberger, P., & Haider, U. (2020). Die Dunkle Triade: Narzissmus, Machiavellismus und (milde) Psychopathie im Bildungswesen. *R&E-SOURCE,* (14).

Kuhn, T., & Weibler, J. (2022). Die „dunkle Seite "der Führung. In *Fehlzeiten-Report 2022* (S. 225-236). Berlin, Heidelberg: Springer Verlag.

Prölß, A., Schnell, T., & Koch, L. J. (2019). Narzisstische Persönlichkeitsstörung. In *Psychische StörungsBILDER* (S. 113-119). Heidelberg. Springer, Berlin.

Senger, K. (2019). Narzissmus. *PiD-Psychotherapie im Dialog, 20*(03), S. 17-18.

Wertz, M. (2015). Mitarbeiterführung an deutschsprachigen Universitäten–Empirische Überprüfung der Korrelate narzisstischer Führung. Klagenfurt-Wien-Graz: Alpen-Adria-Universität.

Wiegand-Grefe, S., & Lenz, A. (2019). Kinder und Jugendliche von Eltern mit narzisstischer Persönlichkeitsstörung. *PiD-Psychotherapie im Dialog, 20*(03), S. 80-84.